21世纪经济报道

21st CENTURY BUSINESS HERALD

中国最佳品牌建设案例IX

经济转型期的品牌演化

蒋青云　高山　主编

复旦大学管理学院市场营销系　21世纪研究院品牌研究中心　联合出品

南方日报出版社

NANFANG DAILY PRESS

中国·广州

图书在版编目(CIP)数据

中国最佳品牌建设案例Ⅸ：经济转型期的品牌演化 / 蒋青云，高山主编．—广州：南方日报出版社，2018.10
ISBN 978-7-5491-1903-5

Ⅰ．①中… Ⅱ．①蒋… ②高… Ⅲ．①品牌－企业管理－案例－中国 Ⅳ．① F279.23

中国版本图书馆 CIP 数据核字(2018)第 230885 号

ZHONGGUO ZUIJIA PINPAI JIANSHE ANLI IX
中国最佳品牌建设案例Ⅸ：经济转型期的品牌演化

主　　编：蒋青云　高　山
出版发行：南方日报出版社
地　　址：广州市广州大道中 289 号
责任编辑：刘志一　郭海珊
装帧设计：冯荻庚
责任校对：裴晓倩
责任技编：王　兰
经　　销：全国新华书店
印　　刷：广东信源彩色印务有限公司
开　　本：787mm×1092mm　1/16
印　　张：9.75
字　　数：155 千字
版　　次：2018 年 10 月第 1 版
印　　次：2018 年 10 月第 1 次印刷
定　　价：38.00 元

投稿热线：(020)87373998-0503　读者热线：(020)87373998-0502
发现印装质量问题，影响阅读，请与承印厂联系调换。

复旦大学管理学院市场营销系

复旦大学是中国最早开设市场营销课程的高校之一，并于1999年正式成立市场营销系。目前，有专任教师22名，其中教授6名（均为博士生导师），副教授9名，讲师7名，另聘有在全球著名商学院担任终身教授的多位学者担任特聘教授。

建系以来一直坚持在学术上向国际一流标准看齐，在实践上直面中国企业营销问题。因此，在市场营销领域取得了广泛的学术影响和社会影响，已成为中国市场营销研究的学术中心之一，同时也为许多中外企业、社会机构及政府部门提供高质量的营销咨询服务。

21世纪研究院品牌研究中心

21世纪研究院品牌研究中心是由21世纪经济报道发起，并由品牌咨询机构、品牌专家、高等院校、企业、媒体等共同参与成立的全国性社会团体组织。旨在对中国品牌建设行为进行有效研究，寻找中国品牌建设的路径与方法，推动中国品牌的健康成长，提升中国品牌的国际竞争力。该中心将不定期地出版相关书籍、研究报告，召开学术研讨会，培训专业人员等，并协助举办中国品牌价值管理论坛，颁发中国品牌“金象奖”，为政府、企业、专家、学者、媒体提供一个品牌对话、品牌交流的高端平台。

前言

（一）

品牌，在当下的中国已经是一个热词。

热到什么程度？2017年国务院决定将每年的5月10日设立为“中国品牌日”，从而将品牌建设推上了国家战略的层面。由此，各级党委、政府都将品牌战略纳入经济发展的重要工作内容。例如，上海市委、市政府就在2018年4月发布了《关于全力打响上海“四大品牌”率先推动高质量发展的若干意见》以及全力打响“上海服务”“上海制造”“上海购物”“上海文化”品牌的四个《三年行动计划》[1]。广东省政府则更是在2017年3月就颁布了《关于推进“广东优质”品牌建设的指导意见》，意在“提升广东产品和企业的整体品质形象和竞争力，推动我省由工业大省向工业强省、制造大省向制造强省、品牌大省向品牌强省迈进”[2]。尽管政府对于品牌建设内容的理解程度不尽一致，甚至不尽科学，但由于中国政府在资源配置方面有着独特的引导乃至主导作用，因此品牌建设在未来中国经济发展过程中一定会扮演着举足轻重的作用。

从微观层面看，也有两股力量将企业品牌建设工作推向前所未有的中心地位。一是如前所述，是来自政府部门的引导、激励和驱动力量；二是企业在市场营销和自我发展过程中感受到的竞争高压、自我激励和创新驱动力量。

总的来说，无论是宏观经济层面还是微观企业层面，我国经济和企业在经历了资源依赖、能力依赖的阶段以后，已经开始转向第三阶段即品牌依赖（或者说是无形资产依赖）阶段[3]。

但是，这一转型过程不会是一帆风顺的。一方面，由资源或能力依赖阶段转向品牌依赖阶段，企业需要更适应我国多样化的市场需求，为各类消费人群或细分市

---

[1] 加快推进“四大品牌”建设 上海印发四个《三年行动计划》”[EB/OL].2018-04-24. 东方网 .

[2] 广东省质量技术监督局 .“广东省质量强省工作领导小组办公室印发《关于推进“广东优质”品牌建设的指导意见》的通知”，2017年3月8日。

[3] 周南，白乐寿，蒋青云 .“中国出口广告（1979—1988）研究——兼谈中国企业出口营销的发展及弱点”[J]《复旦学报》（自然科学版），2001，40（2）:199—205.

场创造价值，并通过品牌传递相应的价值。这就要以科学的市场研究为基础，从而提高我们的经济发展、产业竞争和企业营销的水平。另一方面，由传统发展阶段转向品牌依赖阶段，意味着我国产业需要突破现有国际分工状态，我国企业将会改变在现有全球价值链上的位置而从低端向高端移动。这一切，都会遭遇来自现有发达国家及领先的跨国公司所施的前所未有的竞争高压、贸易纷争甚至非市场竞争行为。事实上，2018 年的夏天，我国经济和我国企业已经深深地感受到了这一切。

因此，品牌建设在今天虽然很热，但却需要冷思考。尤其是在企业层面，品牌建设更是需要在不断总结经验的基础上，依据品牌科学理论和市场科学调查结果，来构思和规划未来新形势下的品牌策略行动。所谓“致广大而尽精微”，是我国企业品牌建设的必由之路。

这也正是“中国最佳品牌建设案例评选”（现中国品牌“金象奖”）13 年以来所一直坚持的观点。

（二）

中国品牌“金象奖”是由 21 世纪经济报道联手 MetaThink 根元咨询集团，并得到北京大学、复旦大学、暨南大学、南开大学、清华大学、上海交通大学、厦门大学、中国传媒大学和中山大学（按名称首字母排序）管理学院（商学院）学术支持而举行的年度优秀品牌建设案例奖项。该奖项肇始于 2005 年，是国内影响力最大的品牌建设奖项。本人自 2006 年以来一直担任评委会成员，并多次担任该奖项主办的大型论坛——“中国品牌价值论坛”的主持嘉宾或演讲嘉宾，通过“金象奖”这一面镜子，目睹和见证了中国企业品牌建设的多彩历程和丰富成果。

本书呈现的是第 13 届中国企业品牌“金象奖”获奖项目中的部分优秀品牌建设案例。在 2017 年品牌价值论坛举行前，组委会提出希望由我来领衔主编这一届优秀案例汇编著作，我很高兴地接受了任务。为了让案例的内容更加丰富，我提出在案例评奖申报记录和论坛汇报发言的基础上，再安排一次企业访谈以更好地挖掘品牌建设案例的背景和驱动因素，了解品牌建设案例的运作过程及其成果表现。对此，21 世纪经济报道高度重视并安排了专人负责联系企业，并协助编写小组一一落实对接人员访谈行程，从而保证了访谈、编写和企业确认过程如期顺利进行。虽然，有两家获奖企业放弃了采编案例进入本书的机会，但最终入选本书的8个获奖案例非常具有代表性，反映了中国企业在经历了第一轮品牌建设热潮（20世纪90年代末期到现在）之后，所面临的新问题和新任务、所实现的新探索和新进展。这实际上反映了中国企业的品牌演化过程，因此本书最终定名为“中国最佳品牌建设案例IX——经济转型期的品牌演化”。

（三）

我将本书中的8个企业案例，按照其主题分成了4篇：价值传递篇、公益赞助篇、IP运营篇和品牌年轻化篇，每一篇正好2个案例。兹将各篇及品牌案例做一个简要的介绍。

第一篇“价值传递篇”包括财通证券选送的《财富赢+，更懂客户》和朗盛化学选送的《质臻品质，多维传递》两个案例。

《财富赢+，更懂客户》讲述了财通证券在竞争愈益同质化和白热化的理财服务市场，如何一方面通过市场细分贴近客户，倾听客户的需求，挖掘客户的真实需要，另一方面通过策划“财富赢+”系列品牌传播活动，教育和引导客户的投资理念和投资行为，从而不断强化公司与目标客户之间的沟通和互动，既增进了客户价值又提升了客户资产管理水平。在我看来，这是一个典型的在既有价值资产（公司对客户的服务价值）的基础上，通过品牌资产的运作和管理，帮助提高客户资产水平的客户资产管理战略案例[1]，反映了财通证券将品牌战略纳入到其核心战略——客户资产管理战略之中的一种有益尝试，是品牌战略演进的重要表现。

《质臻品质，多维传递》介绍了跨国公司朗盛化学在全球业务重塑和品牌重新定位的背景下，如何在中国通过整合营销传播策略来传达定位，传递品牌价值的一系列特色行动。作为一个全球性的化学品品牌，朗盛将制造品质作为“质臻品质”（意为达成完美品质）传播策略的基础，并充分考虑B2B品牌建设的特点，从多维度展开相应的品牌传播活动。朗盛招聘、培养出色员工并推动他们参与品牌传播活动，是通过品牌内化策略来建设独特的雇员品牌；树立企业公民意识，将企业社会责任

[1] 相关理论请参见：Roland Rust，等. 顾客资产管理[M]. 汪涛，译. 北京：北京大学出版社，2009。

基因融入绿色化工，是公司雇主品牌和公众品牌建设的有效行动；通过展会、广告和其他线上线下推广活动传递“质臻品质”的品牌内涵，无疑是针对各类顾客的品牌传播计划。我认为，将顾客品牌、雇员品牌、雇主品牌和公众品牌都视为品牌建设的内容，进行多维度品牌传播是当前企业品牌建设的重要方向，我将之称为“全面品牌管理”[1]。

第二篇“公益赞助篇”的两个入选案例是圣象集团选送的《圣象集团：国球魅力，冠军品质》和小牛资本的获奖案例《投身“体育+公益”，推广“美好资本、美好科技、美好生活”的品牌理念》。

圣象集团是中国最具知名度的品牌地板制造商之一，长期以来主要通过活跃的品牌推广和完善的营销体系来实现品牌扩张及营销绩效。近年来该公司确立了大家居业务战略，为此需要制定相应的整合品牌传播策略。其中的一个方向就是体育赛事赞助计划。这样的赞助计划一般是从公益目标出发，通过挖掘公司产品或业务与赞助项目在价值观、利益点和属性方面的共同点，来确定品牌传播的核心诉求和传播方式。圣象选择砂板乒乓球这一既传统又新兴的运动形式，契合了圣象由传统地板产业转型为大家居产业经营者的战略转变，既让自己的主要产品地板和砂板乒乓球的运动环境体验有效地联系起来，又让圣象找到了一个独特的世界性体育赛事的赞助机会，而且是圣象可以参与规划、推动和长期支持的项目，这让公司品牌的可持续发展有了一个风口。

作为互联网金融新秀的小牛资本旗下的小牛在线，如何在移动互联网时代构建自己的品牌身份，奠定自己的品牌资产基础？他们也想到了体育赛事赞助，再结合公益项目的品牌建设思路。从案例内容我们可以发现，小牛在线在客户洞察方面做了不少分析，发现客户大多数是80后年青一代。他们对于体育有着极大的兴趣，对于以孩子为中心的公益项目也极为关注。为此，小牛资本通过赞助国际冠军杯这一高水平的比赛，并创造性地和“宝贝很牛”公益项目整合起来，显著地提高了品牌的认知度和积极影响力，还在业务拓展方面取得了令人满意的成果。

第三篇“IP 运营篇”也由两篇案例构成：平安银行送审的《平安信用卡：数字

[1] 参见：复旦“博思荟”聚焦“职场年轻人的亚文化与企业符号的塑造 [EB/0L].2018-08-08. 新华网 .

化时代的 IP 交互营销新思路》和承兴国际提交的《承兴国际：如何通过体育泛娱乐打造自有品牌 IP？》。

IP 打造或建设是移动互联时代的网络营销的热门话题和手段，它已成为品牌建设的重要杠杆之一，也是我国企业品牌演化的重要标志之一。相对于承兴国际，平安银行并不自己创设和培养自己的 IP，但他们通过跨界合作和好莱坞著名大片《速度与激情 8》合作，从而搭上了 IP 运营的品牌建设快车。在案例评审过程中及后来访谈平安银行品牌负责人的时候，我多次就平安银行品牌核心价值和《速度与激情》这一娱乐 IP 之间究竟有什么关联这一问题和银行方面探讨，他们都给予了我非常肯定的答案，那就是在激烈竞争的信用卡市场，通过电子化、智能化和大数据等手段，提升对顾客的服务响应能力，形成速度优势是公司的核心战略，于是好莱坞影片《速度与激情》就这样在平安银行信用卡品牌建设中嵌入了价值。

承兴国际集团是一家从事打造泛娱乐自有品牌 IP 的专业公司。此番获奖的案例主要讲述的是他们关于《足球火》这一体育泛娱乐化营销 IP 的运作过程及其效果。作为一档时下最前卫的真人秀节目，《足球火》在承兴国际集团的精心策划和组织下，将英超豪门、广东卫视和专业体育代理公司等资源整合起来，在全国范围内动员足球素人参与活动，最终养成了自己的“火之队”与英超曼彻斯特城足球俱乐部展开互动合作和各类训练比赛。这一过程通过电视媒体及相关整合营销活动的宣传，取得了极大的传播效应，成为知名的 IP，从而也带动了相关产品及品牌的营销。在我看来，这是从无到有面向特定群体打造自有品牌 IP 的一次成功尝试，对于互联网时代探索品牌建设新路，有很强的示范作用。

第四篇“品牌年轻化篇”也包含两个案例：一是携程网提供的《携程旅行网：品牌形象年轻化战略营销》，二是中国人保财险广东省分公司的《中国人保财险广东省分公司：对接新生代，焕发新活力》。

成熟品牌常常需要在市场变动、竞争变化和组织变革的背景下重新进行定位，才能保证品牌活力，保证企业持续成长。今天，大多数品牌的重新定位，表现为如何面对年轻的消费群体，让自身的品牌也变得有朝气活力，变得更时尚更有激情。这可能是品牌演化的主流方式。

携程旅行网虽然是出行旅游领域的独角兽，但在互联网创业领域已经是老前辈了。近几年移动互联网、人工智能和社交网络的发展，催生了一批全新的竞争者，它们正在蚕食着携程的市场份额，并对携程的商业模式构成潜在威胁。另一方面，携程网原有的顾客构成也在发生变化，年轻消费者的需求及其决策行为对公司原有的服务内容、服务水平和服务体系提出了很多挑战。这是携程旅行网想从品牌战略上重新定位，并重新构造品牌营销体系的根本动因。读者会发现，携程公司关于品牌年轻化的战略策划和执行是整体性和系统化的，这体现了一家成熟企业在品牌管理方面的基础能力。从计划目标到执行过程，从内容界定到项目安排，从组织落实到人员考核，携程公司都会根据品牌形象年轻化的根本目标做出相应的规划。因此，品牌年轻化看似发乎热情和激情，但真正落实还是一个科学和理性的过程。

中国人保财险广东省分公司的案例令我印象深刻。作为一家央企子公司，我以为品牌管理风格应该是稳重大气型的，但接触案例特别是在访谈之后，我的感觉几乎彻底改变了，这完全是一家朝气蓬勃和充满创新精神的公司啊！这说明该公司“对接新生代，焕发新活力”的品牌年轻化战略卓有成效。他们对社交网络时代客户的洞察精准到位，并充分利用互联网技术开展社区营销，在品牌传播过程中有效运用数字化营销的策略和技术，从而显著提高了营销的整体绩效。这让我想起 IBM 前 CEO 郭士纳先生的畅销书《谁说大象不会跳舞？》。中国人保财险广东分公司的品牌年轻化实践，让我依稀看到 PICC 这头大象翩翩起舞的曙光。

（四）

本书的顺利编写和出版，要感谢很多机构和人士。

作为领导者和合作者，21 世纪经济报道、Meta Think 根元咨询集团和各相关高校十多年的紧密合作，让中国品牌“金象奖”每年都能发现一批优秀的案例，这是本书得以出版的基础。每年几百家企业的品牌管理者和相关参与者积极申报案例，安排访谈事务，让本书的内容有了源头活水。谨代表编写小组对上述机构和企业表示真诚的谢意！

2017 年第 13 届中国品牌“金象奖”的评审委员会白长虹教授、陈富国博士、崔大鹏博士、黄昇民教授、黄合水教授、候静雯女士、屈涛教授、沈鸿雁先生、王海忠教授、卫海英教授、赵平教授、周文女士（以姓氏首字母为序）们，用你们的如炬目光从数百个参评案例中发现最为优秀的作品，这让编写者有了明确的任务和写作方向，衷心感谢你们服务的智慧力和劳动力！21世纪传媒市场中心总经理高山先生多年如一日，花费大量时间和精力，来领导和促成中国品牌“金象奖”的成功举办，同样要感谢您年复一年的大力支持！

21世纪经济报道“金象奖”项目小组的朱嘉、蓝洁等同事，先后倾注大量的心血来征集案例并安排访谈，帮助制订本书的编写和出版计划，并会同案例企业共同审定案例初稿，你们的高效工作是本书按期出版的根本保证，感谢你们的一贯努力！

在本书编写过程中，项目研究助理卢杨承担了大部分组织协调工作，访谈并撰写了绝大部分案例，我的博士生孙天佩和古晨妍也承担了其中的一部分访谈和案例撰写工作。所有的案例初稿写完后，经本人审定并提出修改意见后再经2—3次修订成稿，每篇案例的启示部分也都经由本人提出初步分析意见后再由撰稿者完成写作。感谢你们为此付出的精力和智慧！本书文稿部分的质量将由本人来负责。如存在纰漏和问题，请读者批评指正！

我的同事、复理管理咨询公司咨询部门负责人高建辉为本书编写项目管理工作提供了便利，为本人省却了大量的事务性劳动，也一并感谢！

蒋青云

于复旦大学管理学院思源楼

2018年8月17日

目录

价值传递篇

中国最佳品牌
建设案例IX

01

财通证券
“财富赢+”，更“懂”客户

2017年10月24日，财通证券在上海证券交易所成功挂牌上市，股票代码601108，这家早在1993就成立的老牌国资金融企业又一次迎来了新的发展契机。金融企业品牌建设，是财通证券近年来最为重视的发展举措之一。区别于普通消费品，专业性极高的金融服务如何从纷繁复杂的同质产品中脱颖而出，树立自身良好的品牌形象，既是企业经营拓展的现实问题，也是一个值得思考的科学问题。

2016年10月29—30日，财通证券举集团之力精心打造的“财富赢+”系列精准金融服务活动在大连首启。这场囊括了“策略报告论坛”“资产配置论坛”“投融对接会”的财富盛宴吸引了600余位投资者、130余家大连企业、数十家金融机构参会。“财富赢+”活动针对不同人群的细分需求，提供高水准的精准金融服务、搭建高效的资源对接平台，受到了大连投资者及金融界的广泛关注，从而成为财通证券品牌建设的重要探索和主要载体之一。

“财富赢+”系列活动的举办，为财通证券正在全力打造的大财富管理平台和投资银行全链式服务正式拉开了序幕。以客户需求为中心，重塑分支机构价值，整合集团丰富资源为投资者提供多元化、特色化的综合金融服务，“财富赢+”系列精准金融服务为金融企业品牌建设和发展提供了重要示范，也为自身的蓬勃发展蓄满势能。

"财富赢+"系列活动海报

第一节　经营客户关系，实现公司价值增长

2017年我国GDP增速同比增长6.9%，中国经济正式步入"新常态"。中国金融市场在跌宕起伏和国家的有力监管中稳步发展，逐渐成为国家经济不可或缺的组成部分。几十年间，中国城市居民收入水平普遍提升，家庭资产伴随增加，老百姓和城市家庭对保值增值和投资渠道多元化的诉求也随之升级，对证券产品和家庭资产管理的需求亦日益旺盛。

对于大多数普通消费者来说，提起金融品牌以及投资渠道，可能最耳熟能详的是支付宝App中的"余额宝"，而早在1993年，在支付宝诞生的城市杭州，浙江财政证券公司就成立了，这正是财通证券的前身。财通证券从那一年开始踏上了"促升实体经济，勇担社会责任，为客户、国家和社会创造财富"的征程。

2017年10月24日，财通证券有限公司在上海证券交易所正式挂牌上市。公司下属证券分支机构百余家，经营证券经纪、证券自营、证券承销与保荐、证券资产管理、证券投资咨询、证券投资基金代销、为期货公司提供中间介绍业务等以及中国证监会核准的其他业务。

截至2017年年底，财通证券发展势头迅猛，公司合并口径实现营业收入40.12亿元，合并口径实现归属母公司净利润15.04亿元。母公司实现营业收入32.38亿元、净利润13.75亿元，同比基本持平。同业比较，公司上市首年经营业绩表现良好。公司财务指标降幅低于行业水平，整体业绩表现平稳；同时公司财务指标在上市券商里位居中列，净资产收益率靠前。

顾客价值是公司价值的基础。客户关系资产是企业市场资产的重要组成部分，客户规模、客户的可盈利性和客户关系的质量都和企业的价值息息相关。金融这样一个和客户有着高接触的服务型行业更是如此。财通证券这样稳健良好的态势既得益于公司长久以来的客户服务理念，也得益于面对不断变化的市场需求财通证券自身独有的品牌战略和市场眼光。

财通证券一直坚持"一切为了客户"，"知其心、精于业、敏于行"是财通证券从心到行的服务历程。以客户价值为中心，完善对客户服务价值链的理解，以客户需求为导向，增强各业务环节服务的针对性、系统性和标准性，实现客户服务的全过程解决方案，打造服务品牌。

而面对国内券商几乎都开展"全客群服务"的竞争环境，财通证券也有着冷静和科学的认知。在财通证券看来，国内券商的一个特点，就是都想要去追求大而全的业务体系，不断补充自身业务的短板。对比国外较为顶尖的财富管理机构所面临的不同环境，我国国内的金融市场还是一个不饱和的市场（至少券商经纪和资产管理市场是不饱和的），而在国外的充分饱和市场中，金融机构可以将市场足够细分，例如可以为家庭提供即时的资产管理，也可以为高净值的家族客户做代际的财富传承，还有一些业务专门针对企业资产。

于是面对真实的国内市场，财通证券开始选择一条教育客户、理解客户、陪伴客户一同成长的品牌建设和稳健发展道路。

第二节　深耕半成熟市场，教育客户共同成长

在财通证券看来，面对不饱和且尚未完全成熟的国内市场，如果希望将自身品牌深深植入市场和客户心中，就必须开始从市场中学习并将知识传递给客户，教育客户。

金融行业对市场教育有一个更具有特点的称呼叫作“投资者教育”。招商银行原行长马蔚华指出，互联网时代对网民投资风险教育意义非常大，要重视公众投资者教育。

“一些老太太以为在网上买金融产品就能给她两倍的回报收益，结果就被诈骗了。而且现在情况又有所不同了，过去非法集资十亿八亿都是很大的，互联网金融环境下，现在动不动五六百亿元。互联网时代对网民投资风险教育的意义非常大，要用案例教育他们。”6月17日，马蔚华在2017青岛·中国财富论坛上如是表示，在创新中防范风险，在防范风险中创新发展。而投资者资金的科学管理本来就应该为客户和企业一同创造价值。财通证券在实践中和产品销售中就直接融入了投资者教育，这一做法为企业业务带来了显著增长。

各个业务在财通证券都作为一个完整的链条为市场和客户提供专业服务。伴随着市场需求的蓬勃增长，财通证券将金融市场的主要客群划分为个人客户、企业客户和其他金融机构客户。利用这样的客群划分，构成了财通证券客户洞察的基础。

个人客户的需求集中在证券交易和金融产品购买，更倾向于从财通证券获取具有交易性和标准化产品性的服务，财通证券通过CRM系统（客户关系管理系统）更好地评估和分析此类客户的投资交易风格、风险偏好以及资产状况，从而通过专业理财服务人员提供差异化、针对性的服务。理财服务人员不仅向个人客户提供更适合他们的理财服务，更能倾听和了解每个客户投资和理财背后的动因，这些动因有每一个家庭对生活的美好追求，也有每个个体不断成长的无限可能，这些追求和可能，正是财通证券一直悉心呵护的重心。

机构客户的诉求则不同，他们需要更为专业和高品质的产品和服务。财通证券不断创新内在能力，为客户提供专业的市场建议和稳健的品质服务，开展对内服务转型，在与越来越多潜在客户的不断洽谈中，企业对于形势的研判能力、营业部的销售能力和服务能力都得到共同提升。

个性化和高端化的服务是企业客户的主要需求，他们更看重券商在投行业务的操作手法、规模体量和整体资源。财通证券不断整合自身业务链条，挖掘并满足企业客户的真正需求。

高净值的大客户资金体量大、业务需求量大、业务需求类型也较为丰富，归类于战略型客户。可以分为两类，一类是纯同行业（金融类公司）客户，另一类是投资资产超高净值的客户。对于前者，财通证券不断提高自身能力，在满足客户需求的同时，为客户提出更新颖、稳健、高收益的解决方案，深耕市场口碑；而对于后者，财通证券更关注这类人群对于财通证券品牌的贡献和传播。

针对客户市场的耕耘和相互教育，财通证券对金融企业品牌的特征有着独到的认知。在财通证券看来，金融品牌有着与自身息息相关的三个如“双刃剑”般的特征：

第一，金融品牌是基于高度信任基础上的服务。金融企业提供的是极具专业性的服务，客户本身通常不具备更准确的判断能力，因此财通证券特别重视和客户建立长久稳定的信任关系。

第二，金融品牌对风险极度敏感。因此对于客户的教育，不仅体现在平时业务，更体现在充满风险的关键时刻。2014 年中国股市迎来牛市，一路冲至 2015 年，而就在股灾前夕，财通证券开始认识到风险的来临，融资融券部门本着保护客户的长期利益和对风险的判断，逐个联系客户，开始替客户“踩刹车”。对“信任”的珍视和对“风险”的敏感，让财通证券对“公司利益”的眼光更长远。

第三，金融品牌受政策影响极大。因此财通证券坚持合法合规操作，在品牌建设和营销环节中避免任何出格的宣传和传播。

“财富赢 +”活动嘉宾演讲

正是基于如上对市场的耕耘和与顾客之间的深层互动，财通证券收获了利润和品牌的双重成功。2017 年，财通证券登陆资本市场后，注册资本增长至 35.89 亿元；

财通证券分公司战略取得积极进展，在浙江、广东等地设立分公司 14 家。随着财通基金公司旗下公募基金“财通多策略福鑫定开混基”发行，财通基金公募基金数量达到 14 只。财通证券资管公司资产管理规模实现约 1500 亿元，其中主动管理规模近 1000 亿元；财通基金下属子公司永安期货实现合并报表营业收入 96.9 亿元，同比增长 42.32%，归属于母公司所有者净利润 8.89 亿元，同比增长 46.11%，行业排名第一，全年客户盈利 25 亿元。

财通基金 2017 年营业收入 14.59 亿元，净利润达 5.13 亿元，净资产达 13.79 亿元。秉持一如既往坚持特色的精神，财通基金为 45，000 余名百万级超高净值客户及 1500 余家专业机构客户提供特色资产。财通香港公司在香港联合交易所有限公司排名亦大幅提升，从 72 位跃升至 45 位，提高 27 位。财通创新公司注册资本由 3 亿元增至 8 亿元，规模进一步接近行业中值。

第三节　借力“财富赢 +”，更懂客户的价值增长点

伴随财通证券各项业务的快速、稳健发展，公司在发展上的不均衡性逐渐显现。浙江省地域经济发展迅猛，财通证券在省内发展势头良好，目前，其全国 137 家分支机构中，110 余家都坐落在浙江省内，与之相比，省外分支机构存在“孤岛化”的现象。作为省属公司的财通证券，外地分支机构的疲软开始成为其继续增长的一个阻碍。

随着 2015 年财通证券为企业品牌设计了“更懂你的综合金融服务商”的新定位，财通证券开始赋予企业品牌新的内涵和意义。“懂”字作为新基因被注入财通证券整体的综合金融业务当中，“财富赢 +”系列精准金融服务活动在 2016 年应运而生。

“财富赢 +”活动以活动品牌方式进行深度的服务营销，通过广告、品牌路演、论坛的深度体验交互以及业务的现场撮合，对券商多元业务进行了全景式的深度呈现。在“财富赢 +”的实施阶段，财通证券打造了内涵统一、形式不断优化、可复制的活动品牌，并且根据不同地区人们对于财富理解、处置习惯的不同，各地金融市场的不同，以及分支机构开展业务战略的不同来定制服务内容，形成了品牌化、定制

化的创新模式。纵向的、独立的业务链条不再各自为战，而是被逐渐打通，营业渠道和专业业务相互赋能形成协同效应，分支机构得以在当地大量拓客。财通证券得以在集团整体的业务层面上，将自身品牌的专业内涵和战略思想传播得更远。

活动开展的首年，从滨城大连到山城重庆，再到榕城福州，财通证券历时一个月，给投资者带来了一场又一场金融盛会。据统计，“财富赢 +”活动在三地一共吸引了 3000 多名活跃投资者、1000 多位高净值投资者、226 家企业客户以及 153 家机构客户与会，体验财通证券的一站式增值服务。从预热启动阶段开始，通过广播、微信朋友圈、新闻客户端、户外广告等途径，“财富赢 +”活动的实际触达人群更是达到 800 余万人次。2017 年，财通证券“财富赢 +”系列活动还去到成都、深圳等地，为投资者提供更精准高效的综合金融服务。

财通证券品牌负责人吴伊楠解释了品牌定位和发展的过程：“在导入期，我们明确品牌定位，确立了鲜明的品牌形象；在强化期，希望使目标人群感受到品牌稳定增长的价值；在巩固期，把稳固优势的品牌形象推广到公司不同细分市场的不同业务当中去。这三个阶段是不断地循环并且螺旋式上升的。”

同时，基于中长期的传播策略，创造精准服务营销模式，实现的核心要素是双向匹配。在整合营销和设计方面，更强调有效性。在吴伊楠看来，“财富赢 +”对于客户的核心价值在于能够提供超越客户需求的资产经营和财富管理的知识，“每一场论坛我们都会请到多位经济学家和行业的顶尖专家与客户面对面地交流。同时，我们也希望通过论坛这种形式的创新，把财富管理诠释成为一种现代生活的风尚，从而打破人们对金融行业刻板的印象，增加亲近感”。

“财富赢 +”活动的成功迎合了公司发展需求，诠释了公司管理层的经营理念，在操作层面上也极度用心，将“懂”字背后的包容性全面演绎。然而，“财富赢 +”活动的开展首先面临一个问题，就是自身尝试解决的问题，即如何突破地域差异的限制。

财通证券已在这一领域积累了知识和心得。一旦圈定了活动的举办地，财通证券立即着手开展前期调研，这些调研信息大多来自当地财通证券自有的分支机构，以及当地的监管部门、行业媒体和行业协会。调研结束后，活动才正式进入策划期和执行期。在执行前，“财富赢 +”基本都会进行两个月左右的广告投放和大型商业体的路演，这些动作在积累经验的同时，实现了市场拓展和品牌传播。

以“财富赢+”在私募行业较为发达的成都举办的活动为例，财通证券在一开始就联络了成都证券从业协会，行业协会本身就掌握了大量的私募基金联络渠道和企业信息，行业协会也可以帮助财通证券统一通知到具体的行业内公司。基于当地的背景情况，“财富赢+”的成都场就专注于私募行业的发展和趋势。而在深圳，财通证券则率先联络了当地著名的行业媒体《证券时报》，《证券时报》本身为上市公司的对口联络单位，所以深圳场就更加专注并针对企业客户设计论坛内容与形式。当地的合作伙伴既帮助活动顺利落地举行，形成后续的宣传发酵势能，也为财通证券之后在当地的分支机构的发展打下了良好的根基。以成都证券从业协会为例，其本身就有投资者教育的需求，“财富赢+”在当地形成平台化的品牌，既解决了自身问题，也将更大的能量赋予了当地的行业和客户。

与此同时，迎合地域差异并没有打破财通证券品牌的统一基调。“财富赢+”本身的标语口号是“更懂资本市场，成就财富赢家”，而凭借其对当地的前期调研，深圳场活动的主题就成了“更懂深圳价值，成就财富赢家”，城市文化和品牌文化，完美融合，相互包容。

此外，相对于“财富赢+”大规模的地面活动，财通证券每年也举办客户答谢会，针对高端高净值客户还会举办闭门答谢会，由财通证券的董事长、总经理亲自组织，和客户沟通政策变化和新的财富增长点。

通过以上活动，更多的机构客户和企业客户认知到了财通证券的核心价值能力。一是资产管理能力，近年来以永安期货为例的财通旗下业务新锐领跑；二是风险控制能力，这个能力不仅仅是指对风险的预测能力，更是指能理解客户风险偏好的背后成因，所有财通证券的一线工作人员都了解客户的生意和家庭，真正在市场风险中陪伴客户；三是财通证券的综合服务能力，财通各个业务链条的协同作战能力越来越强；四是客户导向能力，为了更“懂”客户，财通证券也已经开始关注年轻一代，布局未来市场。为此，财通证券加快金融科技布局，强化手机移动端 App 功能，调研年轻一代投资者可能使用 App 的消费意愿和理财场景。

“财富赢 +”活动嘉宾签到

第四节　不忘初心贴心家国，金融扶贫助益社会

成立 25 年，成功上市的财通证券与中国资本市场共同成长，而作为“更懂你的综合金融服务商”，财通证券将贴身、贴心服务的工作理念也映射到公益事业当中。

一点小小的善念即可感染人心，财通证券通过“一善染心”公益品牌系统规范运作，持续传递善的理念，以善行回报社会，以善心感染人心，以善德弘扬文化，聚合社会各界的公益力量，把点滴的小爱凝聚成对社会的大爱。

十年公益路，激荡善的力量。财通证券以持续的公益行动，在贫困人口脱贫扶助、中华文化传承、贫病患儿救助等方面取得了积极成果，并通过公益善行的榜样力量汇聚了更多社会力量来关爱他人、回报社会。

一善染心
财　通　公　益　行　动

一善染心

一、精准扶贫助力扶贫攻坚，金融思维点燃致富希望

财通证券的扶贫工作始于2008年。彼时，财通证券先后结对帮扶了天台县雷锋乡和淳安县文昌镇，投入帮扶资金1000余万元，帮助当地制定发展建设规划，开展产业项目帮扶，建立“治危送暖基金”，加强特困农户技能培训等，实现“造血式”扶贫，当地1/3农户生活得到改善。

自2016年起，财通证券积极响应国家和行业协会号召，先后与四川剑阁、甘肃甘谷、江西余干、云南禄劝等4个国家级贫困县签订了精准帮扶协议，计划在年内向四县总计捐助2000万元帮扶资金。

在这一轮的精准扶贫工作中，财通证券根据贫困地区的特点制定符合客观实际的扶贫方案。以甘肃甘谷为例，财通证券与甘肃甘谷签约之初，公司就派出了由多个业务领域专家组成的调研考察组，对当地的经济发展、金融环境及特色产业等进行了深入调研，了解到该地区自然条件适宜苹果和花椒种植，这两项也是当地农业的主导产业。经过多方研究论证，公司确定投资建立占地1000亩的财通证券农业产业园，由村供销合作社牵头，在园内统一种植800亩苹果和200亩花椒，实行统一建园、统一管理、统一营销、合作社社员分红的运作模式，壮大村级集体经济，促进当地群众脱贫致富。

2018年，公司与常山县大桥头乡濛桥村签订结对帮扶协议，力争通过三年的努力，实现村集体经营性收入稳定在10万元以上。

除了造血和输血，在财通证券看来扶贫是一项系统工程，一家企业能在某些领域和某些项目上发挥作用，考虑到资源和人才存在局限性，因此如果要做到面上带动一个区域的经济发展，既需要顶层设计和统筹规划，也需要相应的配套资源。同时，贫困地区亟待解决的是发展理念和引进人才的难题，而这一问题在短期内较难彻底改观。因此，“金融扶贫”和“智力扶贫”也是财通证券公益扶贫工作中的重要环节。

基于此，财通证券发挥行业优势，投入专业力量深入调研，运用资本市场力量为结对帮扶县建立政府部门、国资平台、产业经济、企业单位等多层结构的金融咨询服务体系，提供多元的金融顾问和资本市场辅导等免费服务，切实开展金融扶贫。

如在结对云南省禄劝县时，引入了昆明市土地开发投资经营公司这支强有力的

云南本土国资力量，达成了三方精准扶贫战略合作，以解决禄劝县及国资平台实力较为薄弱的难题，更深入地实施金融扶贫，通过多渠道提供综合金融服务，带动禄劝县经济发展。

此外，财通证券依托浙江特有的教育研究资源和区域发展经验开展智力扶贫工作，面向结对县干部举办精准扶贫干部培训班。就政府融资、农业电子商务、生态旅游开发、特色产业培育、环境治理保护等方面的知识组织培训和考察交流。

二、古籍保护，助力文化经典重现光芒

古籍是中华文明的承载之基和传承之宝，但缺少关注度、资源投入不足是古籍保护的重大难题。财通证券携手国家图书馆、中国古籍保护协会率先发起"中华古籍保护"项目，成为我国官方古籍保护项目引入的第一股社会力量。项目计划在五年内向中国古籍保护协会捐资 500 万元，用于开展修复及保护濒危古籍、中华古籍普查等工作。这一项目是我国官方古籍保护工作引入社会力量的首次尝试。

"中华古籍保护"公益项目将从四个方面开展古籍保护工作，从问题源头出发，呼吁、发动全社会共同参与其中，实现保护工作的长期有效开展。该项目目的在于修复及保护濒危古籍，进行古籍再版、发行、推广等保护工作；开展中华古籍普查（志愿者）工作；推动古籍保护机制建设；推动古籍保护基础工作的发展。

在 2017 年的古籍普查工作中，多个省份发现了珍贵文献，其中，明万历七年（1579 年）至清康熙四十六年（1707 年）刻印的《径山藏》等一批珍贵古籍重见天日，堪称近年来古籍普查工作中的最大发现。财通证券还资助西夏文献修复，成立由西

"一善染心"财通证券公益品牌发布仪式——"中华古籍保护"公益项目

夏文献学专家带队的修复小组，开展对残本文献的研究和修复工作。截至2017年10月，已初步确认残品、残本类文献修复方案，并修复成6件文献。吉林、云南、新疆三省区的志愿活动还被列入文化部“春雨工程——全国文化志愿者边疆行”重点项目。

三、关注医疗，设立基金会守护希望——设立浙江大学医学院附属第一医院器官移植基金

2018年，财通证券股份有限公司联合浙江国富慈善基金会共同捐赠600万元，设立“浙江大学医学院附属第一医院器官移植基金”，大力支持浙江大学医学事业发展，促进浙大一院器官移植学科建设及高层次人才培养，为贫困患者获得器官移植医疗救助增添希望。贫困患者可提出申请，由理事会审核评估后予以5万—10万元/人资助。目前，首位得到基金助力的13岁女孩，已经成功进行了心脏移植手术。

第五节　案例启示

中国的金融市场发展至今，真正走过的可能是一个不足40年的跌宕历史。在这段不算长的金融历史中，大浪淘沙，浮浮沉沉，财通证券能够成为当下的金融行业新锐，不仅仅是依靠自身在经济发达省份的天然禀赋优势和对监管的简单遵循，更重要的是财通证券愿意转换视角，真正将客户和股东的利益，都看作是自身的利益，而这也为我们带来了以下启示：

首先，金融企业主要经营顾客资产，金融企业的服务模式决定了客户关系对企业的重要性，好的客户关系不仅可以使金融企业有高的增长，更能通过好的顾客反馈帮助企业获取更多潜在客户。从财通证券的品牌传播策略中我们可以看到，金融企业品牌首先应做好客户品牌，更“懂”客户的财通证券就通过“财富赢+”、顾客答谢会等看似传统但实际背后充满意义的活动，更好地在客户中树立了口碑。

第二，为了让金融企业稳定发展，顾客资产要与品牌资产运作相结合，通过他们之间的互动而创造更符合企业发展和顾客需要的价值。正如好莱坞电影《华尔街》中的经典台词：金钱永不眠。中国的金融企业品牌的发展曲折而缓慢，随着经济的高速增长和居民投资需求的不均衡，伤害消费者利益的金融企业行为在改革开放的过程中多有发生，而当下的金融企业品牌，伴随着行业监管逐渐规范和市场的逐渐成熟，金融企业作为和消费者（或者组织）有着高度和深度接触的服务型行业，其品牌建设也迎来了更好的环境和发展空间。在这样的环境背景下，金融品牌应该给人积极向上的力量，通过轻松、愉悦的方式来诠释金融产品和服务品牌，将本来高冷抽象的金融术语，变成幽默的力量、年轻的力量、真实的力量、奉献的力量、温柔的力量和科技的力量。大多数金融巨头都是上市公司，作为有着公众形象的公众企业，其雇员品牌、雇主品牌和股东品牌的建设都是不可或缺的。

第三，品牌资产运营过程是分阶段逐步推进的。中国金融市场目前正处于由品牌身份建设向品牌资产积累的过渡期，因此品牌的顾客基础很重要，不断拓展企业与品牌之间的关系，并最终积聚起以顾客资产为基础的品牌资产，是中国金融企业未来的品牌之路。市场经济的繁荣给社会带来了丰富的物质，而作为金融企业，似乎除了“钱”外，更应当看重市场的可持续发展和良性健康的运转，每一个客户的需求和成长才是一家金融企业应该追逐和努力的方向，这就是财通证券最“懂”的地方。

第四，财通证券在国家引导、社会迫切需要的扶助领域中，关注公司能力可有效支撑的项目，并将公司资源快速转化为公益供给，同时基于自身的核心技能开展公益工作，即“善行广益，处处盛开的公益之花”。经过多年的探索和实践，财通证券的公益工作正逐步趋于系统和成熟，公司旗下的财通基金、永安期货、财通证券资管都根据各自不同的资源特色，通过设立并高效运营公募或私募公益基金，广泛支持产业、医疗、教育等多领域的公益项目，影响和带动了一大批员工和客户，开展形式多样的公益活动，形成了“向善、奉献”的企业文化。

本案例执笔人：孙天佩

朗盛化学
“质·臻”品质，多维传递

朗盛是全球领先的特殊化学品供应商，2017 年销售总额为 97 亿欧元，在全球拥有约 19,200 名员工，分布在 25 个国家的 74 个生产基地。朗盛的核心业务包括开发、生产并销售化学中间体产品、添加剂、特殊化学品与塑料。朗盛目前已被纳入领先的可持续发展指数——道琼斯可持续发展指数（DJSI 欧洲）和富时社会责任指数（FTSE4Good）。谈到化工企业，出现在公众脑海中的刻板印象可能更多是“环境”和“污染”。而早在 2005 年就进入中国市场的特殊化学品公司——朗盛旗下的宁波工厂，则在 2018 年刚刚荣获中国工信部颁发的“国家级绿色工厂”认证。

在第十三个五年规划（2016—2020 年）中，中国积极倡导可再生能源，提高资源利用率以减少环境污染。政府的目标是在未来几年内不断推动绿色制造体系，按照“中国制造 2025”工业现代化计划向前发展，以赶上领先的工业化国家的发展步伐。例如，制定了更严格的环保标准，可使二氧化碳排放量减少 22%，能源消耗量减少 18%，淡水消耗量减少 23%。计划到 2020 年，将主要的工业污染物（SO_2、NOx、CSB）排放量减少 20%。这意味着国内对创新产品和解决方案的需求量会越来越大，朗盛将紧跟中国的大趋势来发展公司未来业务，跟上日益加快的都市化进程，凭借创新产品和解决方案满足国内市场的需求，更好地应对中国迅速发展所带来的挑战。

朗盛常州皮革化学品生产基地

第一节　朗盛化学在中国的发展历史

2005 年 1 月 31 日，朗盛股票首次在法兰克福证券交易所挂牌上市，公司也正式开始在中国运营。时至今日，朗盛在大中华区的员工人数约 1900 名，拥有 17 家下属企业（含 3 家合资公司）、9 处生产基地、9 个研发中心（常州橡胶技术中心、青岛饮料工业技术中心、香港亚太应用开发中心、常州皮革化学品实验室、常州微生物测试实验室、常州三元乙丙橡胶质量控制实验室、无锡工程塑料研发测试中心、莱茵化学青岛研发实验室、南京应用开发中心）。

朗盛与当地的伙伴密切合作，开发以市场为导向的解决方案以满足当地市场需求。2017 年，朗盛化学宣布继在中国常州设立皮革化学品和合成橡胶工厂后，又将投资约 2000 万欧元，兴建新的高性能塑料生产厂，巩固朗盛在高性能塑料领域的地位。

朗盛今天的行业地位十分牢固，而在过去的发展中并非一帆风顺。2003 年 11 月，全球化工巨头拜耳（Bayer）AG 监事会批准通过了公司管理董事会提交的拜耳集团全面重整计划。次年，董事会宣布启用“朗盛”一名。该名由法语词“lancer”和英语词“success”组合而成，有“通向成功”之意。并且，公司图标清晰、设计醒目，突出目标明晰的公司战略。公司口号“Energizing Chemistry”准确地概括了公司使命，即“为化工行业注入非凡活力”。朗盛同时引入新运营结构，这是拜耳集团重整的一个重要里程碑。至此，朗盛基本实现独立运作。朗盛启动的信息发布活动在勒沃库森及各国公司举行。2004 年 7 月，拜耳公司管理董事会和监事会决定分拆朗盛，朗盛股票于 2005 年 1 月 31 日首次在德国法兰克福股票交易所主板正式交易。

经过一系列正式独立的业务调整后，2005 年朗盛正式进入亚洲市场，不久后，其高科技塑料研发中心落户无锡。同时，在全球范围内，朗盛开始进行并购，迎来全球背景下的高速增长。

在这样的铺垫下，朗盛确立了自身品牌战略发展需要迎合的四个“大趋势”：机动化（Mechanization）、城市化（Urbanization）、水（Water）和农业（Agriculture）。这四个趋势也被朗盛看作是全球商业和社会环境所面临的挑战，而朗盛的产品和技术可以有效解决这些问题，品牌对外沟通都围绕这四个方面逐一展开。

一、迈向环保的机动化

人们对机动化的需求急剧增加，特别是作为发展大国的中国。然而，要确保这一大趋势不影响环境气候，则非常有挑战性。幸运的是，来自朗盛的技术能够胜任这一使命。

1. 绿色环保轮胎

朗盛是高性能轮胎材料的主要供应商之一，这种高性能橡胶制成的轮胎更耐滑，同时还具有较低的滚动阻力。这种特性能够增加潮湿路面上的安全性，并节省燃油。考虑到化石燃料（汽、柴油）动力汽车对空气造成的污染，由朗盛橡胶制成的“绿色轮胎”就可以降低滚动阻力、噪音指数以及二氧化碳的排放量。事实上，在汽车产生的二氧化碳中轮胎占大约四分之一每 100 公里消耗的燃油量减少半升，排放到大气中的二氧化碳也将减少 1.2 千克。因此，环保轮胎可以极大地帮助减轻对气候的这种负担。研究还表明，如果所有汽车都使用“绿色轮胎”，全世界的油耗可减少高达 200 亿升，二氧化碳排放量可以减少高达 500 亿吨。

朗盛用于制造汽车轮胎的化学品

2. 轻型汽车配件材料

另外，朗盛公司还生产用于轻型汽车的 Durethan® (PA)、Pocan® (PBT) 等特种塑料，这些产品有助于降低油耗，从而减少二氧化碳排放量。因为高分子材料的重量大约只占钢重量的七分之一到六分之一。此外，钩链、螺纹、锁链、扣钩等可以直接成型，成为组件不可分割的一部分这就是工程师所称的"功能集成"。这既节省了时间，也节省金钱，汽车工程师严格淘汰任何可以被塑料取代的金属部件。今天的高端材料——高强纤维增强聚合物与钢的规格类似，但是它们的重量显著减少，同时具有相近的性能。轻量化工程可以有效地拓展气候环保型混合动力车和电动车的范围，从而提高城市空气质量。朗盛的混合动力技术结合了金属和塑料，在过去十年里，该技术已经制造出了 5000 万个前端部件。仅在 2008 年，70 种不同系列的车辆都配备了这些高度耐用的车身结构部件。航空和铁路运输行业也通过采用新材料来降低重量并确保安全性，结合金属和塑料的复合材料不仅重量较轻，而且在许多方面优于传统的金属片。

二、加紧脚步应对城市化发展带来的挑战

朗盛的目标是使城市未来的发展具有可持续性，并帮助城市从这一发展中受益。公司众多的产品组合，可以让城市生活变得更舒适、更健康、更安全。

1. 建筑与施工建材产品和服务

朗盛的众多产品提供了城市规划和建筑所需要的高效建材，例如，朗盛的高性能橡胶是建造住宅、公共建筑、桥梁体育场馆时所用的材料之一。它们还提供了摩天大楼地基减震成分的基本材料，以确保更高的抗地震安全性能。此外，它们还制造了桥梁橡胶轴承和桥梁单独元件以及用于火车站、机场和体育场馆等场所的耐用要求较高的铺地基材。橡胶在较小范围内的应用同样非常重要，例如用作门窗上的橡胶密封件基础材料。凭借 Keltan® 等现代保温材料，朗盛可以防止加热系统的热损失和空调系统的冷损失，从而在住宅中形成稳定适宜的温度。此外，CAB 30 硫酸钙黏合剂的快干环保砂浆层为各种新建筑和建筑改造工程提供了一个完美的解决方案。

2. 涂料产品使城市变得更多彩

在现代的“水泥丛林”中，朗盛的合成氧化铁颜料为沉闷的灰色建筑披上多彩的新装。朗盛以拜耳乐®为品牌名提供 150 余种产品，使混凝土更显温暖多彩。长期测试已经证明这些颜料具有优异的色强度、耐光性、耐气候性、耐化学性等特性。它们可以改善许多外墙及整个行人专区，同时也是当代建筑的基石。最有名的应用案例包括巴塞罗那的司法城、阿布扎比的酋长国宫殿酒店以及约翰内斯堡足球城体育场的着色玻璃纤维混凝土薄板。拜耳乐®颜料对建筑防护涂料来说同样不可或缺，巴黎的埃菲尔铁塔就是采用这种颜料作为防护涂料。该颜料具有优异的遮盖力和简便环保的使用方法。Levapren®、Levamelt® 等朗盛橡胶开创了全新的设计可能性，为建筑物带来全新的透明度——慕尼黑奥林匹克体育场的屋顶结构就是一个很好的例子。

3. 可持续理念下的优质基材

今天，每一个建筑者都会选择可持续建材来减少城市碳足迹。一个很好的例子是使用木材，这种天然材料可以提供高效的隔热性能，从而有助于提高能源利用效率。木塑复合材料 (WPC) 可以视为改进的天然木材：它们是由木纤维与塑料结合制成的一种极其强固的材料，同时在生产过程中添加防污产品备防多®可以确保材料不会腐烂，就如同涂覆于内部一样。拜耳乐®和 Colortherm® 产品系列的不同色调再次为木塑复合材料提供了色彩。朗盛的其他产品同样可以让人们更好地使用木塑复合材料，例如，Disflamoll® 是一种有助于满足所有防火要求的有效阻燃剂。该产品对塑料也很有效，可以为住宅和居住者提供安全的防火环境。

这些都是建设完美城市的步骤，虽然细小但是意义非凡——为了城市化发展，朗盛正在尽自己的一份力量。

三、预防水污染和水流失

洁净水资源的短缺已经成为一个全球性问题，人口增长、空气污染和气候变化都将加剧洁净水的短缺，尤其是大城市，更需要审慎管理现有的水资源。

朗盛的水处理产品和工艺已运用于全球各地，帮助企业和社区尽可能有效地利用水资源。这些产品对饮用水的纯化、以及废水和工业生产用水的净化处理发挥了重要的作用，将为当今和未来的大城市净化出清澈的水。以 Lewatit® 为商标，朗盛生产和供应的高效离子交换树脂，能够以非常有效的方式对水进行净化处理：Lewatit® 的形式是直径小于一毫米的小珠。这些小珠由一种多孔塑料制成，用特别设计的分子对孔进行了功能化设计。杂质离子流经这些分子时会像苍蝇被捕蝇纸粘住一样，被这些分子粘住。反过来，离子交换剂会释放其他离子，从而保持溶液的电荷平衡，而"离子交换剂"也由此得名。这些离子可能是简单的钠离子，也可能是氢离子，和氢氧根离子结合后只生成水。

毕竟，只需要几立方米的离子交换剂就能净化成千上万升水，并获得极其纯净的水。一个使用 Lewatit® 离子交换剂的过滤系统，从其出水口流出的水，具有一个名符其实的化学式名称：H_2O。特殊的 Lewatit® 离子交换树脂也经常用于筒式水过滤系统等。例如每 200 亿个水分子中只含有一个硼原子，这相当于将两块方糖投入水量为 550 亿立方米的博登湖。但是如此多的硼在如下情况中很难被注意到：根据世界卫生组织（WHO）数据，正常的饮用水的硼含量是高度净化了的 Lewatit® 滤液的几百万倍。用 Lewatit® 过滤获得的纯净水，可直接用来清洗微芯片晶片。

另一个面向未来的水处理解决方案，是新的 Lewabrane® 反渗透 (RO) 膜元件的应用。这种膜过滤技术，其中一种隔膜能够选择性地区分并允许某些物质通过，同时阻挡其他有害物质，从而过滤出水中的硝酸盐、农药、病毒和细菌。

对饮用水来说，砷是最危险的污染物之一。凭借氧化铁吸附剂 Bayoxide® E 33 和混合吸附剂 Lewatit® FO 36，朗盛可以提供高度发达的过滤系统，大规模地去除有毒重金属，并将污水转化为安全的饮用水。另外很重要的一点是，朗盛开发的橡胶有助于在运输过程中减少水的流失。这些橡胶确保了密封水管的安全，从而确保将珍贵的水资源运送给更多的人。

朗盛产品不仅调节优化了水处理技术，还能降低对废水处理的需求。Baypure® 是一种络合剂，能产生快速、高效的软化效果。在首次使用时，此产品就使表面活性剂能够展现出其强大的洁净力。Baypure® 很容易被生物降解，不需要特殊的标签，该产品可以被用于完全无害化的洁净用品（例如家用洁净剂和去污剂），但主要是被用于家用洗碗机洗涤剂和免下车洗车站里的洗车液配方。在这些场合使用 Baypure®，可以减少表面活性剂和水预处理的必要性。

四、专门为农化行业的客户量身定制的解决方案

稳步增长的人口将会是农业发展大趋势的主要驱动力。根据联合国的预测，到 2050 年，全球人口将会上升到 93 亿左右。日益增长的人口，将推动全球对食物的需求。例如，到 2025 年，对每年对谷物的需求增长，预计为 1.5%。此外，世界各地的饮食习惯正在发生变化，同时，有越来越多的人，把农作物作为能源的替代品。然而，气候变化和日益增加的工业化进程，可能会影响那些用于农业的土地，使之总量减少。因此，人们需要大力提高种植效率。

来自朗盛高品质工业中间体和 Saltigo 业务部的产品组合，包含许多用于合成农用化学品的关键中间体，这些产品可以帮助农民保护作物，增加产量。

1.Saltigo——量身定制的优越品质

2012 年，朗盛的 Saltigo 业务部加强了对农化行业的关注，明显提升了其战略规划。同时，Saltigo 聚焦于制药行业严苛的后期开发阶段，也是其优势所在，可以量身定制解决方案。

自从杀虫剂 Saltidin® 在亚洲开展市场营销，Saltigo 继续提高其多类客户产品的市场地位。由于亚洲许多地区处于热带，Saltigo 获得了极好的市场机会，其产品得到了制造商们的高度评价，并被世界卫生组织 (WHO) 推荐为预防疟疾的首选用

品。然而，Saltidin® 不仅受到杀虫剂制造商的关注，还得到了化妆品和制药配方生产商的青睐，他们希望为自己的产品（例如防晒霜）增加附加值。

2. 生物柴油稳定剂和抗氧化剂

首款由德国石油公司批准使用的生物柴油稳定剂 Baynox®，已经成为朗盛绿色产品组合中的一个近乎经典的产品。这款高效抗氧化剂，能够确保从天然原料中得到的生物燃料保持稳定，从而延长使用时间。该产品符合无数生物柴油生产商对液体稳定剂的要求，并且很容易就能计量出其高活性成分的含量。

抗氧化剂在保护动物饲料免受破坏方面发挥着关键作用。它们可以防止饲料中的不饱和脂肪酸变质、产生毒性或者致癌。自 2012 年以来，朗盛一直在推广一款 Rovelox® 旗下的新饲料添加剂产品——已获得认证的抗氧化剂丁基羟基甲苯（BHT）。该产品获得了国际标准化 FAMI-QS 体系认证，完善了防腐剂 Rovelan® 产品系列，并确立了朗盛在动物饲料行业优质供应商的地位。

综上所述，伴随着业务的不断发展，合成橡胶业务在朗盛所有业务中一枝独秀，一度占到了朗盛所有业务中近五成的份额，朗盛甚至开始为客户业务进行宣传。绿色机动化（Mechanization）的平台品牌被朗盛以业务形式构筑，在这个大的框架下，以合成橡胶业务为主要原材料的轮胎业务也被定位为“绿色轮胎”的业务子品牌，朗盛对外品牌宣传也因此开始向业务侧重。面对不断变化的需求市场，朗盛的发展进入战略变革和自我突破的新阶段。

第二节　朗盛业务重塑，定位“质·臻”品牌

朗盛在实现管理层调整后，最先着手的就是对公司业务进行重新规划和组合。2016 年，朗盛做出了一系列重大战略决策，并重新调整了其产品组合。与沙特阿美石油公司合作成立的合成橡胶合资公司阿朗新科于 4 月 1 日开始运营。8 月末，朗盛完成了对美国化学品制造商科慕公司清洁与消毒业务的收购。9 月，朗盛宣布了对阻燃剂与润滑油添加剂主要供应商美国特殊化学品公司科聚亚的收购。这两次收

购提高了朗盛在高利润特殊化学品市场中的地位。

"朗盛回到了成功的轨道。重组使朗盛成为一家更稳定、利润率更高的企业，在成长的路程上迈出了里程碑式的关键一步。这一点可以从我们2016年稳健的业务数据中得到体现。我们的目标是继续保持这种增长步伐，尤其是通过科聚亚收购计划，进一步增强了我们的经营实力。"朗盛集团管理董事会主席常牧天当时表示。

2016年，朗盛已成功地推进了转型计划，财年息税折旧及摊销前利润增长达9.95亿欧元，比2015年的8.85亿欧元增长了12.4%。驱动其业务积极发展的主要因素包括所有业务板块的销量上涨、产能利用率提高、工厂及流程的优化提高了竞争力，从而节省了成本。息税折旧及摊销前利润已达到此前所预期9.6亿—10亿欧元的高位值；集团息税折旧及摊销前利润率从11.2%上涨至12.9%；净收入大幅增长16.4%，从1.65亿欧元增长至1.92亿欧元；销售额略微下降，从2015年的79亿欧元下降至77亿欧元；因为集团鉴于较低的原材料成本调低了销售价格。

"新朗盛"顺利转型，也重新在市场中定位了自己：在中型市场上有领先地位的特殊化学品公司。朗盛开始在特殊化学品类市场提供各类充实服务，同时朗盛也开始着重布局中国市场。

在2016年中国国际石油化工大会（CPCIC 2016）媒体日的新闻发布会上，朗盛集团管理董事会主席常牧天对中国经济也表示了信心："我们认为新常态是使中国经济走向可持续性稳定增长的健康调整。我们对中国市场的信心始终不变，它仍将是我们一个主要的增长地区，我们期待与本地的客户及合作伙伴一起实现长远的共赢。"

时任朗盛大中华区首席执行官钱明诚在会上指出："对于当下中国经济'调结构、促转型'的新常态，朗盛化学积极响应，凭借其在绿色机动化、城市化、水处理和农业等领域的专业知识和创新技术，助力应对中国面临的变革和挑战，其中包括食物和饮用水的供应，快速增长的城市基础设施和交通问题等。"

战略布局的成功反映在朗盛2017年的财报上。2017年公司财报显示，朗盛收益的强劲增长主要得益于所有业务板块的销量提升，以及新收购的科聚亚业务。常规业务范围内息税折旧及摊销前利润率从12.9%增长到13.3%，离中期利润率目标又近了一步；2017财年集团营收也大幅增长了25.5%，达到96.6亿欧元，而2016年同期为77亿欧元；2017年全年净收入为8700万欧元，2016年同期为1.92亿欧元。净收入下降是由于额外重要支出费用的影响，特别是整合科聚亚业务，巩固生产网络和价值链，以及因美国税收改革而产生的一次性费用。对上述特殊项目进行调整以及剔除无形资产摊销的影响后，净收入增长了53.9%，从2016年的2.46亿欧元增长到2017年的3.79亿欧元。

2017年5月5日，国产C919大飞机的首飞成功，朗盛成为润滑油供应商之一；2018年3月14日，朗盛在常州投资兴建的高性能塑料工厂正式破土动工，这些都为朗盛的发展添加动能。回顾中国业务2017年的发展，钱明诚称，2017财年朗盛大中华区销售额同比增长了近30%，占全球销售额的13%，作为一家扎根中国的德国企业，朗盛在中国市场的不断深耕给我们带来了回报。

与此同时，朗盛中国目前已在中国设立了9个创新实验室来跟进本土市场的发展。“一个公司的成功，一定要具备良好的创新基础，拥有不断推陈出新的能力。以常州为例，我们常州的创新实验室是亚太区最大也是最先进的橡胶高分子研发实验室，可以直接支持中国市场的需求。”朗盛亚太区总裁钱明诚介绍称，与此同时，朗盛全球的创新结果可以为中国业务的发展提供更好的支持，“朗盛全球有超过1000个专利共近7000项知识产权。现在看来，这些创新成果也带来了很好的市场反馈，去年中国C919大飞机，当中有朗盛的润滑油保驾护航。这是我们很高兴看到的结果，朗盛为中国的航天工业添砖加瓦”。

朗盛“质·臻”广告图

业务转型的成功和新的市场定位已经步入正轨，朗盛也决定给“为化工行业注入非凡活力”的口号注入新的诠释，品牌宣传在新时代背景下的新意义“Quality Works”（中文译为“质·臻”）应运而生。

为什么不像大多数化学品公司一样使用“领先”“优质”等常见的信息作为品牌形象呢？这与“新朗盛”要走的发展道路息息相关，即朗盛的品牌定位既要首先满足其客户的价值定位，又要和其他各个层面的竞争者有所区别，打好品牌差异化的“牌”。

新的市场定位也同样反映在“质·臻”的逻辑当中。经过曲折道路的朗盛，决心在100亿欧元左右的中型市场攻城略地。朗盛认为产品的质量对B2B企业来说尤为重要，产品质量的提高在朗盛看来不仅是自身业务增长的源泉，更是获得客户青睐的关键。

因此“质·臻”的品牌形象被赋予了重要内涵，“质·臻”也成为朗盛从内到外的行事准则：产品的质量决定了整个公司可持续性增长的基础，可持续解决方案提高了生活质量，并确保获得客户的信赖，从而确保和客户形成长期的合作关系。

“质·臻”不仅反映在产品质量上，也反映在朗盛公司的其他各个维度。以朗盛的人才观为例，朗盛对雇员和雇主都要确保品质，2017年12月4日，“2018中国杰出雇主评选结果揭晓，朗盛化学大中华区成功蝉联“2018中国杰出雇主”。全球杰出雇主”调研机构在调研中发现：朗盛大中华区为其员工提供了优厚的雇员福祉，注重培养发展组织内各级别的人才，彰显了在人力资源领域杰出企业的风范，同时该公司一直致力于优化其人力资源实践，并持续不断地获得发展。

一位来自朗盛化学大中华区的员工说：“朗盛对于学习和发展有着宽泛的定义，不论是传统的课堂式培训，还是创新型的朗盛学院、海外工作机会和全球360度反馈项目等，员工都可以从中以不同的角度去探索适用于自身的学习手段；同时，朗盛还将‘多元性与包容性’概念植入人力资源项目中，通过尽量覆盖员工职业周期的每个阶段，为员工和公司带来长期的附加值。在这家领先的化工企业工作，我相信自己定将大有可为。”

在媒体采访中朗盛大中华区首席执行官钱明诚提到，朗盛一直恪守的“质·臻”准则恰与中国的发展战略不谋而合：“国务院总理李克强多次提到了‘高质量发展’

这个词，体现了中国对于发展质量的追求以及持续推进产业升级的决心。”他表示：“中国整个化工业结构性在经历供给侧改革，很多不正规、环保不达标的企业被关停，以前他们采取低价策略与朗盛这样的公司竞争，现在这种情况大大减少了。而我们的下游客户也开始转变，大家都更青睐能够长期提供可持续性服务的供应商，而不仅仅以价格作为唯一的选择参考标准。”

基于朗盛高性能材料制造的奥迪 A8 前端

第三节 注重品牌沟通，发挥全渠道整合优势

继 2016 年 10 月，朗盛在全球最大的塑料与橡胶工业展会——德国杜塞尔多夫国际塑料及橡胶展（简称“K 展”）上推出了“质·臻”的品牌新主张，这一概念同企业内、市场中和行业外的沟通也颇具想法，“质·臻”正从各个维度扩散到消费者和市场当中。

首先，“质·臻”在宣传口号上和每一个业务部的产品都是融合的，以材料保护品业务部为例，保鲜塑料就以“Quality Protect”的产品形象示人，即高质量的材料可以保护饮品或者食物的新鲜品质。轻量化、韧性等产品品质和下游客户的业务，通过品牌形象被直接连接在质量上。整体文字和图片的形象表达，同业务品牌的有机结合，帮助朗盛创造了“高品质”的品牌联想。

2017 年，“质·臻”概念被真正在全球推广。其中借用了各种渠道和手段，主要是市场推广手段，而不仅仅是依赖公司的品牌部门。以在中国市场为例，展会、广告、数字平台和内部沟通等都是“质·臻”概念和价值流通的渠道。

在公司内部，无论是制作一个最简单的办公用品还是复杂的会议文件，“Quality Works 质·臻”都必须以视觉系统规定好的形式印刷或者呈现，公司的内部工作环境和工作文化都朝着更具质感的方向发展。

在展会方面，过去的一段时间内，公司对外的 15 个高级展会都搭建了红黑背景且突出“Quality Works 质·臻”的大型展台，对外展示品牌的新颖形象。

在平面视觉广告方面，在不同的行业报刊，朗盛都投放了不同版面但风格和内容相关的广告。尤其在 2017 年全球董事会考察调研大中华区时，朗盛不惜动用广告经费，购买了上海外滩著名花旗银行大厦的户外楼体 LED 的广告投放，以形成强大的品牌辐射力和内部凝聚力。

在大众媒体上，朗盛也同样敢于做品牌宣传，尤其是大众英文报刊。朗盛中国针对中国行业的特征，汽车等大型工业品行业的大量高层管理人员由外籍人员担任，也做了“类精准”的大众投放。

在新媒体平台上，例如微信、微博，朗盛都精于“质·臻”的形象推广，在公司主页网站上也有关于“质·臻”的活动页面，不断报道和预告关于“质·臻”的产品信息和地面活动。

通过以上渠道的共同发力，朗盛立足长远，计划将“Quality Works”——“质·臻”的概念，持久传播，不断建设。

朗盛化学的氯化丁基橡胶材料制备过程

第四节　将社会责任基因融入绿色化工

履行企业公民的职责，也是朗盛大中华区“质·臻”品牌内涵的重要组成部分。美国波士顿学院企业公民研究中心指出：“企业公民是指一个公司将社会基本价值与日常商业实践、运作和政策相整合的行为方式。一个企业公民认为公司的成功与社会的健康和福利密切相关，因此，它会全面考虑公司对所有利益相关人的影响，包括雇员、客户、社区、供应商和自然环境。”这一概念在朗盛发源的德国已不新鲜，而面对尚未成熟的中国市场，成为承担可持续发展责任、不断回馈环境和周边社区的化工企业公民，是朗盛化学不断努力前进的方向。

早在2007年，朗盛将欧洲青年古典音乐节引入中国，来自德国和中国最优秀的青年音乐家聚集在一起，在中国的主要城市进行巡演。来自不同文化背景的年轻人因为最高水准的古典和现代音乐走到一起，这正是朗盛青年欧洲古典音乐节的宗旨。朗盛深信，无论是在生态发展、教育还是文化领域，对文化和社会的贡献都与经济活动密不可分。

2010年朗盛青年欧洲古典中国音乐节，德国著名指挥大师
基德·阿尔布莱希特（Maestro Gerd Albrecht）先生担任指挥

欧洲青年古典音乐节于2000年在德国柏林创办，现已成为全球重要的国际性青年音乐节。音乐节期间，来自世界各地的优秀青年管弦乐团在柏林御林广场的“音乐厅”举办数十场音乐会，曲目涵盖交响乐经典作品、各国民族音乐瑰宝以及现代管弦乐作品。古典音乐和化学有着共通之处，那就是，两者都源于人类非凡的创造力。对青年音乐家的赞助和支持，表明朗盛公司长期致力于推动青年人才成长，并认真履行作为企业公民的社会责任。

音乐节将古典和时尚紧密相连，演出曲目中既有古典音乐，又有青年艺术家为音乐节专门创作的原创音乐。朗盛自身就是一家兼具古老历史与年轻活力的公司，朗盛独立运营仅十余年，但在化工行业，其根基深远，拥有着近150年的丰富历史，始终致力于发展尖端技术。

伴随着2012年前后的业务调整和品牌战略的变化，朗盛对企业社会责任的理解也不断变化，作为庆祝“2011国际化学年”的组成部分，朗盛于2011年10月15日在青岛基地举行了首届科技日活动。通过向公众开放其青岛基地以及各种趣味科学实验的展示，朗盛向公众展现了先进的化学技术如何帮助改善人们的生活。社区代表、青岛科技大学学生、朗盛员工以及他们的家庭成员等80余人参加了全天的活动，共同享受探索化学世界的精彩之旅。

科技日当天，朗盛还宣布了朗盛化学实验设计竞赛的获奖者名单，来自青岛科技大学化学院的吴婷婷团队凭借其污水处理解决方案而荣获一等奖。朗盛与青岛科技大学联合主办的这一竞赛自当年7月启动以来，已收到超过100件实验设计作品。此外，来宾还参观了朗盛莱茵化学青岛工厂和实验室，以及朗盛青岛高性能橡胶研究中心，亲自体验现代化的生产线以及世界领先的橡胶研究中心。

这一活动，在当下演化为“Open to public day”，即“公众开放日”的活动，自2012年起，朗盛在其常州、无锡、青岛、溧阳和宁波的生产基地一共举办了12场“公众开放日”活动，先后邀请了近2500位市民、师生、专业人士、志愿者和媒体代表走进朗盛，使他们通过实地勘察，了解作为化学行业一员的朗盛，如何承担环境责任、为推进当地的生态文明建设以及绿色发展做出的贡献。这一系列活动背后不仅是朗盛对已经融入血液的环保意识的自我展示，更是朗盛在中国品牌建设进程中的关键举措。

2017 年 6 月，近 400 名来自青岛汾阳路小学的师生和溧阳市南渡初级中学的师生分别走进朗盛在青岛和溧阳的生产基地，通过看生产过程、看产品用途、看“三废”去向，零距离接触化工企业，了解现代化工行业如何实现与生态文明社会的和谐相处。除了安全知识小课堂、化学小课堂、工厂参观、捐赠化学实验包和奖学金等活动，朗盛还为参观者带来实用性的安全知识，并鼓励和激发学生们对化学领域探索的浓厚兴趣。

在环境保护与可持续发展方面，朗盛更看重投资未来的珍贵资源——水。2017 年 6 月，朗盛在其大中华区总部上海办公室揭幕了第三届朗盛“洁净水，滋润未来”大学生水资源调研竞赛，来自清华大学、上海交通大学、同济大学、武汉大学等 12 所高校的 18 个项目入选并将进行长达三个月的水调研活动。朗盛大中华区首席执行官钱明诚、WTO 经济导刊社长于志宏、朗盛志愿者以及参赛高校学生代表等出席了启动仪式。

来自朗盛液体净化技术业务部膜技术市场部的应用工程师 Julien Ogier 还为学生们介绍了“反渗透膜技术在废水回用中的应用和案例分析”，展示实际情况下采用 ASD 的反渗透元件的工厂性能数据。

早在 2015 年 6 月，朗盛借《水污染防治行动计划》（简称“水十条”）发布契机，携手 WTO 经济导刊开展了第一届“洁净水，滋润未来”大学生水资源保护和利用竞赛。竞赛面向五所长江中下游流域高校的学子征集调研项目。

“洁净水，滋润未来”大学生水资源保护和利用竞赛前两届的参与人数达到 116 人，共产生了 25 项水资源问题的解决方案，得到了公众投票数超过 2.5 万张。通过两届的活动举办，该活动已初步形成了朗盛、WTO 经济导刊、高校、政府机构、行业协会等多方参与与跨界合作的新模式。

“由于中国人口基数庞大，加之环境污染和自然地质等原因，部分地区仍存在饮水不安全问题，尤其是边远的贫困农村，安全饮水问题已经成了制约地区发展的因素。”朗盛大中华区首席执行官钱明诚表示：“朗盛专注于水处理行业已有近 80 年的经验，一直积极致力于切实帮助提升洁净水的供应，我们希望能够鼓励更多大学生了解中国水资源的现状，提出创新的水资源保护方案。”

第五节 秉持企业公民观念，面向可持续发展

朗盛不断开发环保的产品和解决方案，致力于为日常生活带来“质·臻”品质。例如，朗盛已连续七次入选道琼斯全球可持续发展指数，名列全球化工行业前10%。集团在2010—2015年间将公司特定的温室气体排放量减少了约17%，并于2016年年初提出新的气候保护目标，希望到2025年温室气体排放量与2015年相比减少25%。同时，朗盛还是全球193家位列国际投资者计划碳排放披露项目(CDP)“A级气候名单”的公司之一。通过实施安全、可持续的生产工艺和先进的环保措施，提升产品组合创新与生产流程创新，朗盛得以凭借高品质的产品、技术和服务实现可持续发展。

朗盛工作人员在检查设备

中国国家工信部在2017年4月启动了“国家级绿色工厂”认证项目。申请认证的企业应具备的先决条件是：必须遵守环保、安全和节能法规，必须在一段时间内做到安全生产无事故。经济和信息化委员会经过初审，将优秀的申请企业推荐给工信部，由工信部进行最终审批。在2018年的资格认定过程中，仅有460家企业通过了当地经济和信息化委员会的初审，并上报到工信部进行最终审批。

下一步，申请企业必须证明其在行业最高环保标准制定方面发挥的主导作用。从2018年到目前，仅有200家企业获得了认证。朗盛无机颜料业务部负责人霍格·霍

普乐表示："很高兴朗盛宁波工厂完全符合'国家级绿色工厂'认证的高标准，因此荣获了这项质量认证。这意味着，除其他方面以外，根据中国法律和法规要求，我们的能耗、二氧化碳和污染物排放量远低于行业平均水平。而且，每吨产品的资源消耗在中国氧化铁颜料行业内也是最低的。"

2018 年朗盛第一季度财报显示，朗盛依然强势增长。第一季度销售额 26 亿欧元，同比增长近 7%；净利润达 9600 万欧元，同比增长 23%。朗盛集团管理董事会主席常牧天表示："朗盛依然行驶在稳健增长的轨道上，在新财年取得了良好的开端，并再次提高了盈利能力。这表明我们推动公司向前发展的努力正逐渐得到回报。"

第六节　案例启示

作为化工行业中型企业的领军者，朗盛的发展体现了一家企业的坚韧性，经历过财务危机的朗盛，产品和品牌反而更具生命力，这不仅是因朗盛整体业务调整和对产品质量的一贯追求，更是因为朗盛品牌力的觉醒。品牌力是产品竞争力、市场竞争力和企业竞争力的综合体现。

首先，朗盛化学通过"质·臻"界定自己的品牌身份。品牌命名要遵循以下基本策略：突显行业特征；联系产品质量、利益；有区分度，便于记忆与联想；没有负面联想，特别是国际化过程中的语言文化问题。"质·臻"的品牌命名有效地凸显了自身的产品特征，同时便于客户记忆和传播。朗盛所经历的曲折发展也给有着对公客户的大量企业在品牌管理上提供了经验。对公业务公司都将自身的品牌建设紧随业务发展进行调整，这一定程度上由业务性质天然决定，不可避免。但同时，越是如此，企业品牌越应该在战略眼光上优先于业务，正如朗盛所关注的，为企业客户提供产品和服务。产品和服务的质量是重中之重，品牌的定位则是企业业务的"定海神针"，追求什么样的产品和服务，在行业内的竞争力体现在何处，品牌应该走在业务前面。

其次，如何建立品牌资产？朗盛的故事中沟通是关键。除了传统的媒体、展会等渠道，朗盛在内部和外部都强调“质·臻”概念的传递和反馈，打造品牌知名度和忠诚度，进而创造客户对其质量的感知和品牌联想。朗盛坚持向消费者和客户传递“质·臻”概念中的核心思想，从品牌质量到行业关注，再到社会责任，品牌联想的传递无处不在。

最后，朗盛如何形成品牌优势？最终靠的是品牌价值观与企业公民观在行业内的领先意识。过去的经验是朗盛的巨大财富，可持续发展的核心认知是朗盛品牌观建立的基础，在各个方面践行可持续发展理念和行业领先地深耕中国市场也是朗盛在发展战略上的成功举措。朗盛的可持续发展理念和品牌文化中对质量的“质·臻”追求，正契合了当下中国的高速发展和高质量增长。中国作为一个飞速发展的全球重要经济体，有效地助力了新朗盛的业务增长和品牌传播。中国政府管理中的优势也和朗盛的企业公民形象和社会责任担当有机融合，从而帮助朗盛构筑了其品牌上不可被取代的优势地位。

本案例执笔人：孙天佩

公益赞助篇

中国最佳品牌
建设案例IX

02

圣象集团
国球魅力，冠军品质

圣象集团作为一家创立了20多年的生产型企业，专业从事木地板和家居系列产品的开发、生产和销售服务。它的大家居战略是以木业作为核心，依靠强化实木地板、多层实木地板和三层实木地板这三大核心品类，形成木地板产业集群，并以此加快带动其他木业品类的发展。同时，通过对跨品类的资源进行优化整合，综合提升产品的环保品质、设计生产和顾客的服务体验，搭建一站式的营销平台。

然而，如何在竞争激烈的市场中发现并引导产品属性与顾客价值之间的关联，将产品的特点通过好的营销手段推广出去，突出品牌商品的优势，迅速吸引公众的关注，这是圣象一直以来孜孜不倦探索的重要问题。

圣象以独特的眼光，抓住机会，赞助中国砂板乒乓球代表队，出征国际砂板乒乓锦标赛并一举夺冠，将这一体育盛事作为品牌创新营销推广的策略加以结合运用。即通过自身的木质产品与砂板乒乓球的基材关联起来，从产品优良品质出发，将产品融入到品牌营销中去，这种方式的创新营销带来的好处有两方面：一方面，通过关爱、时尚、分享的感性智慧进行传递，让品牌的理性价值更加深入人心；另一方面，通过品牌理念、精神和气质的融合，让产品组合更具张力。

顺势而为的市场营销新方法全方位快速地提升了企业品牌的价值，建立了“国球魅力，冠军品质，活力呈现”的消费者认知，让品牌价值加倍突显，以小博大，重塑圣象品牌的活力风貌。

第一节 大家居战略的成功导入

圣象集团成立于1995年，总部位于上海，从地板开始做精、做细，一直延伸到家居产品，构建了完整、庞大、成熟的绿色产业链，打造绿色、环保、健康并可持续的产品原料、开发、生产、销售和服务的供应链体系。圣象及其股东拥有丰富的林业资源和规模庞大的生产研发基地，包括8家年产能220万立方米的基材工厂，10家年产能6400万平方米的地板以及800万延米的配件工厂，年产能70万套的圣象木门工厂和年产能2万套的圣象衣柜制造基地。

企业依托强大绿色产业链体系以及多年在木业和家居行业的深耕作业，从产品到服务、从地板到家居呈现出全效整合的统一系统，在圣象内部工程系统优势的基础上，可以做到随时为消费者提供室内木业家居综合解决的供应方案。由此，圣象集团在发展历史进程中创造了无数个“第一家”：第一家将强化复合木地板从欧洲引入中国的地板企业、第一家逆向OEM的中国地板企业、第一家引进国际一流的强化复合木地板生产线、第一家以品牌专卖店形式销售地板的中国地板企业、第一家通过在央视投放电视广告启动品牌全面塑造的地板企业、第一家打造完整产业链的中国木业企业、第一家在中国推出E0环保标准、第一家全面采用F4星国际环保至高标准、第一家中国林产工业协会颁发“质量信誉信得过企业”的地板企业等。

20多年的发展，圣象集团始终站在行业的前端，不断超越自我，引领和推动行业的整体发展，获得了中国林产工业协会“质量信誉信得过企业”“中国家居产业百强企业”等多项荣誉称号，多次参加博鳌房地产论坛，并且连续9年受邀出席达沃斯论坛，圣象品牌的行业地位由此可见一斑。

一、形成新战略

随着新零售趋势的到来，消费者更注重家居产品带来的体验与感受，圣象集团敏锐地感知这种趋势，并进行相应的战略调整，利用大数据对现有的大客户业务规模和战略客户分布进行研究分析，针对性地规划出独立的业务管理体系，即多品类融合，走专业化路线，形成独立的销售通路，提供室内木制品解决方案。

首先，在打造产品力背景下，首创社会安装一体化服务；其次，构建立体化的营销布局和售后服务平台；再次，制定“圣象产业战略、国际化战略、多元化大家居战略”三大企业战略。其中“大家居战略”就是以木地板作为核心，以衣柜、木门、整体厨房等跨品类的整合和设计服务为一体，用以提供“集约化、专业化、标准化、产业化”的一站式综合服务。与此同时，圣象继续规划并建立家居的商业系统，搭建助推产业发展的综合平台。

二、营销新理念

2017年，圣象集团地板销售业绩整体呈现两位数增长，其中工程业务板块有近30%的增长。能在中国地板的总量和整体市场没有太多增长的情况下仍然保持稳定增长，表明了圣象集团的品牌市场占有率和品牌影响力正在进一步提升。

业绩增长背后是圣象综合产品链优势的体现，在新零售市场发展到一定阶段、各行业大数据重新整合的新趋势下，为了提升整体产业链的升级，迎合各类型消费者的需求，圣象集团在新零售环境下尝试性地探索了一些品牌建设和营销推广的创新方案，借此提升与消费者之间的互动和黏度，同时促进情景化消费。此外，特别针对当前主流消费群推出更多年轻化品牌活动，比如本篇将要介绍的在营销上创新性地融入砂板乒乓球等主题元素就是一个非常成功的品牌建设营销策略。

圣象集团营销网络遍布全球，设立44家国内分公司，拥有55个海外商业伙伴。在中国拥有3000家统一授权、统一形象的地板专卖店，700家标准门、衣柜、整体厨房专卖店。在美国、德国、韩国、中国香港、加拿大拥有多个独资、合资、合作的营销公司，拥有1000万幸福满意的忠实用户和超过20,000名的员工。

三、发展新方向

作为博鳌21世纪房地产论坛的首席合作伙伴，圣象集团已经连续9次参加并且问鼎金砖奖。今年圣象不仅再次斩获中国地产金砖奖2018年度最佳供应商大奖，大亚圣象家居股份有限公司董事长、圣象集团有限公司董事长陈晓龙先生也荣获中国地产金砖奖2018年度卓越成就个人大奖。

陈晓龙在大会演讲发言中说到：“大浪淘沙，企业要拥有中长期的发展战略，而且是永续经营，甚至是长期可传承做实业的价值观，此外，还要有志同道合的企业形成比较好的战略合作伙伴。这样的话，才可以更好地将产业做得更好。”基于此，圣象引领国内家居行业23年，一直坚定不移地立足于绿色产业链，依托母公司大亚集团的体系，以及规模生产的研发基地，构建了在整个行业中的地位和终端品牌价值。以负责任的态度对待新消费和用户。圣象集团时刻坚守“消费者优先”的发展理念，坚持品质立业、个性化定制、柔性化生产和智能化制造，把工匠精神融入生产制造的每一个环节、每一件产品、每一道工序。

“以负责任的态度对待用户，从设计端着手，从客户的需求端去实实在在地研究和做方案，从智能家居的角度看，很多年轻一代用户比较关注智能化在家居中的使用。关键还是要有后期的维修和维护，说白了就是后期的跟踪和服务。”在陈晓龙的领导指引下，圣象集团具备强大的整合资源优势，同时时刻以用户需求、客户需求为重，成为国内家居行业的领军品牌。

目前，圣象战略合作伙伴已超过70家，已经完成超过5000项工程项目合作，工程项目累计铺装面积已超过4000万平米，例如，与万科、保利、龙湖、恒大、碧桂园等众多知名地产公司建立了长期的战略合作伙伴关系，成为中国房地产开发500强首选产品。

房地产企业的多元转型，对于圣象的未来发展，具有重要的战略影响意义，今后圣象集团将时刻洞悉中国房地产结构调整变化，紧跟产业化建设步伐，与更多房地产企业携手共进！

博鳌·21世纪房地产论坛第18届年会

经过多年的发展，圣象已是行业当仁不让的领袖品牌。在行业大环境竞争激烈、其他同类品牌纷纷借力明星代言人的趋势下，圣象品牌“如何能在新时期更好地接近年轻消费者，为品牌注入真正的活力元素？更好地突破自我定位，往更适应市场的方向发展”成了迫在眉睫的问题。为此，圣象集团秉承全新的企业品牌战略规划，不断通过绿色产业链战略、国际化战略、大家居战略，提升圣象的品牌向心力。针对砂板球赛的营销案例，圣象集团对于品牌形象和销售模式制定了“以小博大，多面共赢”的营销策略，即结合当期社会热点，以小的投入撬动汇集经销商共同投入参与活动，形成合力，传递圣象品牌差异化的核心优势。

第二节　品牌和砂板乒乓球的缘分契合

砂板乒乓球是乒乓球运动的一个衍生项目，因其使用的球拍覆盖物为砂纸而得名，近几年这项运动在国内日益流行，圣象集团预料砂板乒乓球竞技赛事会在国内掀起一股潮流，因此赞助成为中国砂板乒乓球队的发起方、冠名商，同时亲手组建、训练、塑造中国砂板乒乓球这支年轻的球队，并首次将中国砂板乒乓球送上世锦赛的冠军宝座。

这个品牌营销方案不仅使圣象集团拥有砂板乒乓球独有的比赛权、冠军使用权和产品的再开发权，也让各个相关家居品牌争相参与到圣象集团的品牌宣传中来，比如中国好家居联盟15家品牌、红星美凯龙等落地商场。更重要的是，圣象将22年沉淀在木材基材原料上的技术，注入砂板乒乓球拍的科学打造及运用，使体育的竞技精神、国球魅力、公众参与和圣象的品牌文化、产品特性有机结合起来，开启家居建材品牌营销的新纪元。

一、砂板乒乓球和砂板乒乓球世锦赛

砂板乒乓球是近年来在英国等欧洲国家兴起的一项乒乓球衍生运动，是对现代乒乓球运动的一种复古回归，比赛中所使用的球板没有胶皮和海绵，只在两面贴上薄薄的砂纸覆盖。这种球板基材会使球的速度和旋转速度减慢,回合则相应变多,初学者更容易上手。

“砂板运动系列营销活动”海报

中国把乒乓球称为“国球”,使其备受推崇和欢迎;而英国人却把乒乓球运动换成回归原始的打法,观赏性反而有所提高,回旋弱、回合多的砂板乒乓球重新回归大众娱乐的视野。这种把球板复古回到起点的体育运动,加上现代的时尚和娱乐元素,竟然也拓展出一片新天地。2012 年,英国著名的赛事推广公司注册了一项新的赛事,即砂板乒乓球世锦赛,已经成功举办四届,因氛围热烈、别出心裁而备受关注,砂板兵兵球世锦赛和传统乒乓球赛事的器材不同,比赛规则也不同。

二、砂板乒乓球与顾客价值的关联性

圣象集团不断探索新营销路径,认为 “砂板乒乓球把圣象的产品、年轻理念、消费者对于冠军热爱、健康竞技、全民健身的追求全面结合在一起。其最大的特点也是最突出的连接点是乒乓球拍运用多层实木基板,使球在速度、击打方向等方面让运动员取得良好的成绩”。

长期以来,实木类地板在消费者心中是一种不太结实、容易变形的产品。圣象集团打造了具有自身特色的多层全硬木实木类地板,每一层都用了硬木,实现每一层的质地均匀、结构对称。这一产品优点正好可以通过砂板乒乓球的基材关联起来,在宣传砂板乒乓球的同时,传递并演示了品牌产品的品质和核心竞争力。

1.“娱乐 + 健身”砂板乒乓球运动易普及的市场基础

新打法、新规则、新竞技带来新技巧，观赏性增强。砂板乒乓球，是复古回归原始的一项乒乓球衍生项目，与当今乒乓球相比，它重新启用最简单的“五层木夹板 + 蓝色砂纸”结构，砂板旋转更弱、速度更慢，回合过程技术多变，比赛中纯粹的力量对抗更具观赏性，同时也有更为有趣的视觉享受。

新赛制、新运动使大众更易参与，项目更容易普及和推广。砂板乒乓球运动对器材的依赖度更低，同时运动门槛也低，可以在任何时间普遍开展，不受场地和成本的限制，既可自娱自乐，亦可作为比赛项目进行竞技，形式灵活，十分有利于普及和推广，无论男女老少、专业或者业余，都易学易掌握，乐在其中。群众范围广的健身体育运动，意在娱乐、健身普及，全民参与，这与圣象力量所需要的群众基础和广泛的参与度相吻合。

2. 砂板与圣象新实木的相通点

（1）基材、结构相似

砂板和木地板因同属多层木材结构而结缘，砂板球拍的结构就是“多层实木复合”，与新实木的结构非常相似，用砂板打乒乓球就是运用“多层实木独特结构”的木材属性来操作乒乓球，让竞技性与娱乐性适度结合。圣象多层产品的特点是多层结构、无缝稳定、耐地热、健康环保、舒适耐刮擦，产品特点与砂板乒乓球拍的结构和特点相类似。

木头、砂板、运动、绿色、环保这些都是围绕砂板乒乓球运动可以衍生出来的、能够得到良好联想的运用，多层实木结构与运动、竞技、健身、健康、参与有机结合，从而将产品属性、利益与顾客价值联系起来。比如，多层全硬木结构“硬而稳定”的特点和砂板乒乓球项目竞技“全力发挥”的精神相对应；圣象地板的安装简易、无缝、产品稳定、耐地热的特点，与砂板乒乓球运动“零门槛、好上手”的特点相对应；圣象“F4 星绿色环保、有生命”的产品特点与运动项目“健身、健美、健康”的特点相匹配；等等。

（2）多重理念相似

中国砂板乒乓球伦敦世锦赛夺冠无疑引起全民极大关注，更推动这项运动的全民普及。乒乓球是国球，而砂板乒乓球尚属新兴乒乓球项目，圣象集团依靠遍及全国的营销网络和资源，实现促进这项运动普及与竞技水平提高的社会责任。

此外，圣象作为中国地板行业“绿色产业链”战略的倡导者和实践者，它的三层实木地板通过全面自控、一体化的品质控制及完善的售后服务，将绿色、健康的家居理念与丰富多样的欧洲人文气质融合在了一起，无论哪种系列的产品，圣象品牌在绿色环保、快乐健康、全民普及的理念上和砂板乒乓球运动倡导健康的理念不谋而合。据悉，20多年以来，圣象地板累计销量早已超过6亿平方米，得到了1500多万用户的认可和信赖。2017年，圣象艾斯本多层全硬木地板、圣象康逸三层实木地板同步推出独具科技创新升级的全新产品，能够更好地满足地板在厅、顶、背景墙等延伸装饰上的需要。

第三节　“以小博大，多面共赢”品牌整合营销

圣象集团品牌推广的三大基本思路是低成本、容易获得、可落地。经过技术和市场层面的调研和内部研讨，圣象打造、冠名中国圣象砂板乒乓球队，并率队远赴伦敦参赛，最终摘得桂冠。这次品牌营销活动以上海总部作为决策地，以圣象丹阳大家居馆作为主会场，辐射全国44家分公司，圣象将砂板乒乓球贯穿于全年的大、中、小型各类活动中。

一、冠名“中国砂板乒乓球代表队”

圣象集团打造中国圣象砂板乒乓球队，不仅聘请前国家冠军及体育竞技技术研究教授随队指导，更在备赛期间全程关注、跟踪、贴身了解世界砂板乒乓球队的动态，科学训练、针对强化。

2016年年初，第一支中国砂板乒乓球代表队曾在第五届砂板乒乓球世锦赛上惊艳亮相，并历史性地闯进16强，创造中国选手的最佳成绩。而经过一整年职业化砂板乒乓球赛事体系的发展，代表队的运动水平得到了极大提升。

圣象冠名的中国砂板乒乓球代表队，是中国最高级别的砂板乒乓球代表队，正

式建队后，于 2017 年第二次率领中国砂板乒乓球代表队，赴伦敦参与第六届砂板乒乓球世锦赛。世锦赛的对手多是欧洲职业运动员，竞争相当激烈，然而通过勇敢地拼搏，中国圣象砂板乒乓球队在全世界 30 多个国家和地区的 120 多名世界级选手中脱颖而出，夺得冠军，严魏豪也成为亚洲历史上的第一个砂板乒乓球世锦赛冠军，这不仅是中国乒乓球运动的荣耀，更是圣象企业和品牌的荣耀。

中国圣象砂板乒乓球代表队的集结，代表的是圣象品牌健康、环保、可持续发展的理念与体育文化价值观的相互结合与升华，是圣象不懈奋斗、领先创未来的品牌精神与国球追求卓越精神的相互融合与升华绽放。圣象集团秉承着“用爱承载”的企业核心理念，与中国砂板乒乓球代表队共同出征，追梦砂板乒乓球世锦赛最高荣誉的同时，也充分展现了圣象作为一家中国企业的爱国主义精神和高度的社会责任感。

中国圣象砂板乒乓球代表队和砂板世界冠军严魏豪

二、营销衍生活动的推广

这次营销活动中，以“圣象力量”和“活力”作为整个活动的两大主题词。2016 年圣象集团初次邀请了奥运会冠军团队——中国女排的两位主力队员惠若琪、张常宁出席促销活动，此举开启了超大型促销活动利用社会热点效应引爆市场和消费者关注的新开端。此后，在 2017 年 6 月的全国范围超大型的“圣象力量”营销活动中，又采用了“一个活动、两大明星、三城联动、全国引爆营销”的新模式，圣象以砂板乒乓球为基础，根据市场需求，变换、创新地将营销理念融入到活动中去。

随后，圣象集团推出了全硬木地板，举办“圣象北美硬木节冠军来了”系列活动等，成本低、成效大，创新带来的回报是显而易见的。通过此次“品牌 + 砂板乒乓球”的推广，圣象实现了品牌年轻化、活力提升的真正落地，此次世锦赛的冠军得主严魏豪及中国圣象砂板乒乓球队集体年轻、活力、高颜值定位的形象，将圣象品牌中的年轻元素具象化。

一系列营销活动的开展，令每一位消费者都有机会参与国球，竞技国球世界冠军，使得品牌宣传力度加大、范围变广，圣象集团的多层全硬木品类基材优势也得到最大限度的宣传。市场上由于砂板乒乓球冠军的科学基材科技运用，提升了这类基材的知名度和品质，也成为圣象多层地板的市场门槛卖点。

改变传统的促销营销模式，将体育活动、明星效应、公众参与和线下销售有效结合，使销售现场用户参与度、购买签单率大幅度提高；为圣象在品牌层面注入了活力元素，让国球在公众视野中再次辉煌出现，其社会效益影响深远。

三、赞助项目取得的效果

圣象品牌营销运用砂板乒乓球素材，依靠砂板乒乓球世锦赛的曝光度，以小博大——“小投入带来大效益；简化操作以便广泛参与；小示范推进大复制”。

1. 圣象冠名代表队的综合效果

一方面，从建队开始每一位从事这项运动的参与者都想最终成为“中国圣象队”的一员，不断发掘队里队外的人物故事，使之以中国圣象砂板乒乓球代表队的名义出现在故事中进行传播。另一方面，用漫画、视频、新闻等多种形式，通过冠名权益来综合体现，实现传播的目的，把砂板乒乓球的文化与圣象新实木的属性做成文化墙，在有条件的展厅或新品推广以及促销活动中加以运用，保证了既有文化氛围又有较高的参与度。

2. 营销投入和回报效益

圣象集团打造砂板乒乓球的项目中，项目营销成本、塑造世界冠军的基本投入仅为 35 万元。营销活动的成本是活动核算投入产出比的一个重要数据，圣象必须用得起这个冠军，在签订的合作年度协议，中国砂板乒乓球冠军队的 IP 按照场次安排，基本的使用费是每场 1 万元。

3. 品牌元素具象化

为实现品牌年轻化、得到活力提升的落地体现，砂板乒乓球队团队成员年轻、活力、高颜值定位的形象将圣象品牌中的年轻元素外化出来。同时，营销参与方在市场现有基础上，允许每一位消费者参与国球，与国球世界冠军竞技，这是一个刚刚好的较为适合的多点营销、多场次营销的吸引点，消费者对国球的关注热情与对国球冠军的期待成为促销活动成功的命脉。

4. 良好的市场效应

圣象集团市场部运用这一素材，实现了圣象集团总部组织创意广告示范作用，带动了全体一、二、三、四级经销体系全系统的品牌宣传投入，同时各个相关家居品牌都积极参与圣象集团的品牌宣传，大型品牌商场纷纷欢迎活动落地。

5. 销量和经营效益的提升

由于这项营销活动的开展，圣象的多层全硬木品类基材优势得以最大限度地提升，在市场上，砂板乒乓球冠军的科学基材科技运用使这类基材的知名度和品质优势大大提升，成为圣象品牌多层地板响当当的市场卖点。数据显示，2017 年同期，圣象该品类的产品销售收入增长了 17%，销量增长了 13%，与当时市场环境的同行企业相比具有巨大优势。

第四节　构建品牌资产，挖掘价值结点

一、体育营销赛事赞助是品牌资产构建的重要途径之一

圣象赞助砂板乒乓球运动不仅能帮助圣象实现差异化战略，更能充当公司质量的代名词，同时能保证公司在价格战和促销战的不利环境中保持市场份额。

首先，从品牌资产的角度看，体育营销是一种“事业型”营销方法，研究表明，那些热爱生活、积极阳光的用户更愿意选择支持公益事业的企业和产品。砂板乒乓球这项体育赞助有利于圣象树立品牌的健康形象，借助砂板乒乓球运动本身带有

的光环效应提升品牌价值，同时，圣象借助砂板乒乓球运动平台构筑了强势品牌，创造品牌营销新焦点。

其次，从以顾客为中心的角度看，顾客价值实际上是顾客感知价值，优秀的顾客价值能够在顾客头脑中造就与众不同的驱动力，这也正是造就忠诚顾客的驱动力。圣象在赞助项目的选择、赞助活动的组织以及相关配套的宣传推广营销策略等方面都从目标客户的立场出发，全方位兼顾到目标顾客的利益。

再次，通过品牌联想，体育赞助营销中的赛事形象能够向圣象品牌形象转移。体育赛事赞助中，圣象把品牌联想与消费者感知的赛事形象建立更多联系，有利于企业产出更多有利于赞助商品牌形象的联想。一般用户认为赞助知名体育赛事的企业，其产品质量和功能都较好，哪怕价格略高，消费者仍然觉得有价值，这就使感知的财务价值得以提升，圣象尽享砂板乒乓球体育赞助能够影响其目标消费者的感知心理价值，提升顾客情感价值。

二、基于“手段—目的”链，挖掘品牌与消费者价值之间的联结关系

消费者价值的实现是消费的目标，属性是取得价值的手段，而消费结果是联系这两者的中间环节。圣象品牌依靠赞助砂板乒乓球推动了企业文化内涵与物质载体的有效融合，使得品牌利益组合传递的真实性与砂板乒乓球的属性特征有高度的匹配性。基于此，圣象品牌在创新的组合营销过程中，进行文化价值凝聚、利益组合传递、属性特征匹配。

圣象从自身的特色、产品的优势和企业文化上进行品牌价值和特色的凝练，形成利益组合传递，通过产品的功能利益和用户的体验利益，将品牌文化价值诉求和属性特征匹配贯通起来，让用户大众对品牌产生认同感、信任感和依赖感。

其中，产品属性包括质量、品牌等，又包括企业的服务和声誉，产品属性是要通过消费者的认知才能得到的。当顾客想到圣象的产品品牌时，想到的不仅是产品的优质属性，更是购买产品带来的有利结果。外在属性上，圣象的产品定位为“以合适的价格带来质量过硬，绿色环保，时尚大气的实木地板”，让消费者体验出产品的差异性；内在属性则是给消费者带来心理层面上的满足，即“超值、舒适、安全、健康、时尚的实木地板”。

充分重视“手段—目的”链，挖掘品牌与消费者价值之间的联结关系，整合定位，使圣象实木地板的属性、结构与品牌价值之间产生很强的链接。在营销宣传推广进行市场定位时，在属性定位、结果定位和价值定位的基础上，采用优化协调的整合型方法，使消费者认同圣象地板具有“舒适、安全、健康、时尚和物有所值”的属性特点和结果利益。

三、运营体育 IP，构建社会化营销新模式是品牌强化与年轻消费群体关系的抓手

随着媒介融合的快速发展，圣象在不同层次上融合了大众文化和多种元素，让体育粉丝经济从传统模式向 IP 发展，跨界整合资源运营模式。这种将品牌融入砂板乒乓球 IP 的营销新模式，构建了以砂板乒乓球粉丝社群为单元开展资源联合、营销整合的体育社群经济。这种体育社群经济实际上就是一种去中心化的体育商业合作，无论是体育社群中的引导者、体育参与者、合作者还是圣象潜在消费者，都可以在这个体育营销模式中进行全方位的互动。圣象就是利用这种多元合作和全方位互动来集结消费者力量和多方资源，以“带队人、冠名者”的姿态打造出自由联合、协作共赢的圣象品牌形象和产品产业链。

圣象通过长线投资实现砂板乒乓球运动的品牌效应，充分发挥砂板乒乓球的影响力和号召力，将品牌高效、快速、准确地传递给用户，以实现价值转换和社会支持。

第五节　案例启示

一、突出产品属性特点，实现品牌功能利益

积极围绕年轻消费群体、中产阶级的消费升级需求，迎合互联网经济时代的变化，进行整体产业升级，打造“活力圣象”的品牌理念。一方面，加强对外协同，加快多元化、多方位的共赢合作，与国际对标，不仅与世界最知名的欧洲瑞典康树品牌合作三层实木地板，更与美国著名的安德森企业从技术提升、款式设计和品牌规划上进行全面战略合作。企业产品品类的延伸，既给消费者提供更丰富的选择，

也壮大了企业的产品库阵容，挖掘潜在市场空间。另一方面，加快对内升级，内部管理进行全程智能化制造系统升级，并同步进行数据营销的体系创新。

二、夯实圣象品牌的产品标准基础，形成品牌竞争的质量保证

进一步优化资源配置，构建一站式生产、销售平台，以营销整合为纽带，赞助砂板乒乓球代表队推广宣传活动，打造圣象品牌的综合竞争力和市场形象，保证功能利益传递。圣象始终将产品质量放在首位，工厂内高科技的生产设备、先进合理的流程设计、科学高效的现场管理等都以国内和国际最高标准为依据，于细微之处构建圣象品质，并通过一流制造平台和国家级实验室，铸造圣象打造百年品牌的根基。

三、整合传播途径，布局营销网络，体验利益传递，强调个性化

以鲜明的圣象品牌个性，提升受众辨识度、认同度及偏好度。通过组建砂板乒乓球代表队、率队出征世锦赛、举办球迷互动活动等，运作多层次、多形式的传播途径，增加受众与品牌的接触点，强化对关键联想的直觉，形成特色鲜明的品牌形象。

在 2018 年 6 月，由全球三大品牌价值评估机构之一的世界品牌实验室主办的世界品牌大会上，圣象集团总裁陈建军表示："企业的核心竞争力综合体现在战略、品牌、产品、商业模式等各个环节，只有每个环节都不断创新，才能成为企业不断生长的永动引擎。同时，品牌必须具有创新性，品牌必然是绿色、可持续发展的，而每一个优秀的品牌，均拥有深厚的文化内涵，为社会铸造出强大的精神财富。"

同年 8 月，在世界品牌实验室和世界企业家集团主办的"亚洲品牌大会"，圣象集团副总裁曾欣先生、圣象集团品牌总监陈治华先生表示，集团要保持对商业环境敏锐度和高度战略前瞻性视野，通过年轻化、品质化、国际化打造品牌向心力。

这些都将指引着圣象持续关注时代、生活、家居的关系，感知用户对时尚家居的各类需求和情感体会，顺应时代潮流，积极融入革新技术与创新元素来满足消费群体的审美需求，推动企业可持续的发展道路。紧抓消费升级的新业态，以品牌年轻化的塑造，积极参与到对新消费、新零售的行业布局中，以整合设计和供应链能力为核心，推进行业升级，实现产业融合与突破，提升品牌向心力，体现强劲的品牌实力。

本案例执笔人：卢杨

小牛在线
投身“体育 + 公益”，推广“美好资本、美好科技、美好生活”的品牌理念

近年来，随着新金融经济的崛起，涌现了一批金融科技创新企业，小牛资本即是异军突起的优秀企业之一。在不断发展自身核心优势的同时，小牛资本越来越意识到：除了在合规基础上向大众提供普惠金融服务之外，企业品牌的培育也变得越来越重要。在互联网金融新生行业中，企业必须重视品牌建设才能更好地促进自身健康发展，成为行业的领军前锋和标杆企业，同时，沉淀品牌价值才能在金融经济发展的道路上走得更高、更远。

小牛资本从建立之初到现在，一直努力地探索着“如何实现大众营销精准化”之路，随后尝试性地开启了“体育 + 公益”的品牌营销新模式，即通过轻松、有趣的表达方式与消费大众建立起更加紧密的联系，同时通过品牌的公益推广，积极履行社会责任、回馈社会，从而让目标客群加强对品牌的好感度，激励起对美好未来的真实共鸣。2017 年，小牛资本旗下的小牛在线携手 2017 年国际冠军杯（ICC）中国赛举办的全年品牌及“宝贝很牛”公益合作项目，将参与公益活动作为企业文化建设和企业战略的一部分，这是极具新意和特色的案例项目之一。

第一节　小牛资本的品牌愿景

小牛资本成立于2012年，总部位于深圳，是一家全球性的综合金融科技服务集团，以科技为驱动力，积极拥抱实体经济，致力于实现多元化产业布局，向包括普通大众和高净值人群在内的所有人提供全方位服务。目前，小牛资本已经形成了普惠金融、财富管理和投资管理三大业务集群，旗下拥有小牛基金、小牛新财富、小牛在线、小牛普惠、小牛投资、牛鼎丰科技等子公司，海内外开设280余家分支机构，员工总数达万人，服务客户超800万。

小牛资本董事长彭铁解释过“小牛”这个名字：“小是低调，代表精细；牛是高调，代表大局。很实在地将每一件事都做好做细致，做好了‘小’，自然会牛。‘牛’（NIU）的解释，是NEO Important User：重要的同行者。重要的客户，重要的合作伙伴，愿意跟我们一起走下去的同事、朋友和家人是最重要的。所以，我们要把我们的时间、精力、情感分配和投射在这些最重要的人身上。”

2018年，小牛资本启动战略升级计划，借助科技创新力量，从现有的普惠金融、财富管理和投资管理三大业务集群，转向建立“战略联盟、场景业务、实体产业、科技产业和国际化业务”五大版图，围绕国家战略等重点发展方向助力实业发展。科技驱动企业转型升级，产融结合赋能实体经济，人才战略提升核心竞争力，在金融科技应用方面，小牛资本的核心优势体现在大数据金融基础平台、智能财富中心、区块链金融交易系统、信息安全创新技术和金融监管技术等方面。

小牛资本董事长彭铁提出：小牛就是要让小人物都牛起来，用金融科技帮助每一个人实现心中的美好。“美好资本、美好科技、美好生活”是小牛资本的发展愿景，也是小牛资本品牌建设的主要内涵。在小牛资本的品牌营销中，这个愿景得到了外化体现。

一、小牛资本的资源与能力

1. 金融科技驱动企业转型升级

从2016年起，小牛资本集团便全面以金融科技驱动企业发展。通过大数据风控和人工智能等一系列高科技手段，优化金融风控流程、对客户类别和产品类别实现了精细化管理，目的是将金融服务的环节进行分解、解剖清晰，从而吸引更多专业公司成为小牛的供应商，降低企业的运营成本，优化商业模式，提升企业核心竞争力。2018 年年初，小牛在行业内创新研发并推出智能投顾平台“小牛智能财富中心”，这是小牛资本集团探索金融科技应用于新财富管理模式的阶段性成果。

小牛资本旗下的金融科技公司牛鼎丰，是支持小牛资本业务发展的高科技内核，也是引领小牛实现下一步增长的核心驱动力。目前，牛鼎丰科技公司已经完成开发包括“大数据平台”“用户画像”在内的 10 多个金融系统并获得了 40 多项发明专利。未来，牛鼎丰将着重打造科技创新核心竞争力，依靠创新业务事业部、金融科技创新平台和信息技术中心三大板块的发展，推动业务快速增长、提升场景服务竞争力、推进规模化业务运营和业务解决方案的落地，打造便捷、智能和更安全的金融科技服务生态。

小牛生态系统包括小牛云、小牛金融超市、小牛俱乐部和小牛家族办公室，重点利用金融科技的力量重构资产组合、产品组合和服务组合，并通过小牛投资顾问的专业化、智慧化，产品的精细化、国际化，平台的信息化、智能化，以及服务的差异化、全面化，为高净值客户提供全球资产配置方案。

2. 赋能实体经济，实现产业化金融发展

党的十九大报告指出，要重视提高金融为实体经济服务的能力，把更多金融资源配置到经济社会发展的重点领域和薄弱环节，更好地满足人民群众和实体经济多样化的金融需求。

小牛资本清晰地认识到多层级金融市场对各行业产业革新及行业升级的巨大助推作用，深入理解资本与企业是相互依存的共生发展方式。多年来，小牛积极响应“金融赋能实体经济、为实业发展注入新活力”的号召，在发展普惠金融事业的过程中加强产融结合，借助金融科技的力量为更多企业经济体输送“血液”。

小牛资本董事长彭铁表示，小牛的初心就是“金融是为了实体经济”。它不是简单地“金融支持实体”，不是简单地赋能，不是简单地参与。而是应该跳到实体里面，深刻拥抱实业产业。小牛融的资都投入到实体产业里面，支持了实体发展，创造了就业、税收，创造了产业升级的机会，这就是小牛的“美好金融”。只有实实在在地支持实体，小牛的发展才是坦荡的，是可持续的，是在社会价值的主航道上，是践行小牛一贯的“美好资本、美好科技、美好生活”价值观，小牛的发展是“实”的。

2018 年年初，小牛资本牵手实体企业和云计算科技企业，布局“科技 + 产业 + 金融”来探索金融、科技与实业融合的新模式，谋求实现优势资源互补，持续提升风控水平与企业效益，加快推进产融结合。未来，小牛资本将继续依托“科技 + 金融”资源优势，驱动企业升级，实现产业多元化发展，助力我国实业发展。同时，小牛资本紧紧围绕国家战略性行业，面向“一带一路”、乡村振兴、军民融合、旅游、医疗、教育、科技产业等领域积极推动相关业务拓展。

3. 人才战略提升核心竞争力

小牛资本董事长彭铁认为，人才是小牛最大的资产，加速人才升级战略将是令公司持续保持高速发展的原动力。近年来，小牛资本企业发展已完成了从“人力依赖”到“人才驱动”的转变，通过不断引入更高层次的人才来实现企业持续的优化升级。小牛资本的高管团队成员分别来自于花旗银行、平安银行、腾讯、宜信、诺亚财富、中信、瑞银等全球著名企业，他们都有着非常丰富的金融、技术和管理经验。与此同时，小牛也在不断加强中层队伍的组建，以培养优秀投资顾问和引进出色风控人才为核心，从腾讯、阿里 Oracle、平安等企业引进了大批技术人才，将技术主力军的重点集中在大数据风控的建设上。通过引进和培养复合型、创新型、合作型的领军人才，更好帮助小牛客户实现财富稳健性增长，为投资安全、企业发展保驾护航。

目前，小牛资本全集团平均年龄为 27 岁，70% 以上中层管理者是 80 后，2018 年超过 3 年司龄的员工人数比 2017 年增加了 3 倍。根据内部数据，小牛资本共有 110 多名海外留学背景员工，互联网背景的管理人员每年增长超过 10%，人才结构总体的趋势特征呈现年轻化、国际化、互联网化。针对员工的成长和培养计划，小牛资本启动了一系列针对中层管理的“犇跑计划”和高层管理的“犇腾计划”，以及惠及全体员工的“小牛大学”“小牛思想工厂”等多种内训项目，为员工提供良好的学习资源和提升自我的机会。2018 年，小牛资本拟投入 2000 万元设立“健康关爱基金”及“学习成长基金”，以此关注员工身心健康，帮助获得事业成长。

二、小牛在线——综合理财平台

2013 年成立的“小牛在线”是隶属小牛资本旗下的综合理财平台，是中国互联网金融协会首批会员，是国内领先的线上智能金融服务平台。它汇集国内外知名银行、证券、互联网、电子商务等行业资源，借助大数据风控、移动支付等先进的互联网金融科技，使得投资、融资变得更简单、更透明、更高效、更科学。特别为国内新兴人群及年轻家庭提供了专业、高效、安全的金融信息匹配和咨询等一站式服务，实现用户财富的保值增值。

“小牛在线”于 2013 年 6 月正式上线运营，由深圳市小牛在线互联网信息咨询有限公司运营，是国内少数拥有 ICP、EDI、国家信息安全等级保护三级证书的企业之一。仅半年，“小牛在线”平台成交额就突破 1 亿元，之后是突飞猛进的发展：2014 年荣获商务部和国资委行业信用评价优良（AA），成为广东互联网金融协会理事会员单位；与上海资信有限公司签订合作协议，接入央行个人征信系统；2015 年与全球最大的征信机构益博睿打造信贷全风险管理体系，“小牛在线”的 App 同步上线；截至 2017 年年底，小牛在线的总成交规模超过 500 亿元，注册用户突破 400 万。

从成立伊始的平台成交额 1 亿元发展到 2017 年平台成交额 500 亿元，短短四年，获得社会众多关注和赞誉：蝉联 2014—2015 年度中国卓越金融奖—年度卓越风控互联网金融平台；斩获 21 世纪中国最佳财富管理商业模式奖；荣获“互联网金融十大创新平台”和普惠金融杰出贡献奖；荣获年度十大互联网创新企业殊荣和 2016 年度投标价值公司大奖等。

与此同时，小牛在线也不断加强与外界的合作，踏实地进行“外部协作”，根据自身的聚焦和战略来选择同行合作伙伴，打造“同盟”大策略：入会中国互联网金融协会；与磨房联合打造“发现深圳”大型户外活动；推出“天天牛”计划，首日交易额突破 7000 万元；成为首批中共深圳互金协会委员会党组织成员；参加经济学人“颠覆金融业：亚洲”峰会等。此外，还跟进推出一系列计划和活动：与 NBA 达拉斯小牛队达成战略合作，推出自动投标计划“安心牛”；推出顶级风控项目“富盈人生”；推出智能投标出借计划“活期牛”；携手百度推出百度理财周；等等。

第二节　小牛在线的品牌战略及其传播策略

小牛在线将体育项目与企业公益结合起来，塑造了具有自身特色的公益品牌建设体系，在推广大众化体育营销中积极践行企业社会责任，以此加大品牌宣传的感染力和扩张力。一直以来，小牛倾向于赞助一系列具有大众化基础、普惠范围广的体育项目，比如赞助深圳红钻足球队、NBA 劲旅达拉斯小牛队等，还多次携手知名户外运动平台“磨房网”共同举办徒步、登山等集体活动，将打上了品牌烙印的体育精神逐渐渗透到消费大众的生活中去。

2017 年，小牛成为国际冠军杯中国赛唯一官方公益合作伙伴，推出 2017 年国际冠军杯（The International Champions Cup）中国赛•小牛在线“宝贝很牛”公益项目。公益传播可以提高品牌的知名度、优化品牌的联想度、增强品牌的信任度、形成品牌的忠诚度，对企业品牌建设具有重要意义。

小牛在线将体育与公益相结合，充分利用体育的权威性、公益性资源，搭建一个能让消费者认同的传播平台和营销平台，以此形成旨在增强市场接受度、扩大市场业务范围的营销模式。小牛在线“体育＋公益”的活动策划，提出以“关心人的生存发展、社会进步”为出发点，借助公益活动加强与消费者之间的沟通，在产生公益效果的同时，使消费者对小牛的经营宗旨和经营行为产生认同感，进而对企业产品或服务产生偏好，并由此提高品牌知名度和美誉度。

一、体育赛事组合公益项目的实施

小牛一直保持着对体育公益事业的热切关注，践行“精神契合型”体育的营销策略。2016 年，小牛在线与深圳大型户外运动社区“磨房网”共同举办的“2016 磨房深圳百公里徒步行活动”，吸引了 6 万多“驴友”参加，同年双方还合作开展了“发现深圳”“发现广州”等系列活动。

2017 年，小牛在线携手国际冠军杯主办方联合启动的公益项目，作为 ICC 中国赛首个金融服务类赞助商，备受业界关注，并获得了全国范围内广泛的品牌认知。国际冠军杯是当今欧洲足球界最重视的顶级季前赛事，史无前例地把欧洲顶级的豪门俱乐部和顶级的球星共聚在年度性的俱乐部竞赛中对垒，为球迷带来零距离的赛事体验。

小牛在线和ICC联合主办中国赛首个“ICC公众开放日”公益活动，通过ICC中国赛·小牛在线“宝贝很牛”公益项目，帮助边远地区拥有足球梦的小朋友与国际足球巨星同台，让热爱足球的少年们有机会见到自己的偶像、实现梦想。这项体育公益项目是以小牛在线为青少年搭建的成长平台为基础的，其中“宝贝很牛”公益计划是“救助—发展”模式，即“宝贝很牛”秉承“让宝贝的世界变大”这一理念，更多地关注青少年的发展和成长，而不局限在当下的救助。这与单纯的“救助模式”有本质区别，它是传统模式的另一创新。

二、选择“体育＋公益”战略的原因

小牛在线把“体育＋公益”作为品牌建设和推广营销的新策略，树立积极的企业形象，积累商业声誉，加快自身核心竞争力的发展，同时也加大了对潜在客户的挖掘力度。小牛在线从事的是普惠金融业务，因此需要特别关注客户的风险定价和信用评分。有研究显示，热爱体育的人体内有更多的内啡肽，更快乐，更积极，对未来更有信心，因而也更看重自己在金融系统里面的信用。小牛在线通过赞助体育赛事无形中缩短与这些更健康、更有信用的潜在用户群体的距离，从而加深与他们的进一步接触。

1. 提升客户黏度，挖掘潜在客户

一方面，企业和社会相互依存，当社会对企业寄予承担社会责任的重任时，企业也必须顺势而为，做出积极回应。小牛在线想要在顾客心中提升自己的企业形象，建立和加深与消费者之间的情感纽带，吸引潜在的客户群，显然更要注重保护企业的品牌形象，同时向外传递作为企业所应承担的社会责任、造福大众的经营原则和目标，以提升用户的好感度，博得更多、更好的口碑。

另一方面，市场同质化竞争的趋势越来越明显，在激烈的竞争中脱颖而出，创造差异化的优势，是小牛在线品牌营销工作的重中之重。公益传播通过关注目标消费者关心的问题，从而向其表明企业对社会的责任，提升小牛在线在消费者心中的美好形象，特别加快与新一代潜在用户群体之间建立积极情感联系和精神纽带的步伐，将自身在同质化竞争中的优势凸显出来。

2. 加强消费者认同，传递美好价值观

就消费者需求而言，选择产品和品牌的标准在不断发生变化，变得更为成熟和理智，对企业品牌所体现出来的多元化价值要求更高。消费者不再单纯地依靠产品的属性、价格、质量等方面决定购买，更多是关注企业的价值观以及从企业提供的产品、服务中寻求更多归属感、亲情、自尊和自我价值的实现。

基于此，小牛在线在品牌建设的长期系统工程中，不断探索整体品牌形象的提升和创新，通过“体育+公益”的品牌打造新模式，传播“给予与信任，让我们更完整”的品牌理念，让品牌对于“美好资本、美好科技、美好生活”理念的坚持和追求深刻而长远地感染消费者的金融理财观念。

3. 体育资源整合加强公益传播效果

小牛在线将自己的理念和价值观传输给社会的同时，也必须实现企业、社会公众和公益组织等多方的共赢，因此可以通过体育资源整合来实现公益传播效果最大化。在探索品牌价值提升之道的过程中，小牛在线注意到品牌赞助不能仅以曝光量作为终极考量，还要将自身品牌和赞助体育赛事逻辑统一起来，因为体育经济也是“眼球”经济，通过超级体育 IP，能够迅速帮助金融企业传递品牌价值，扩大影响力。

热爱运动的人不仅更注重个人的金融信用，同时对未来有着更积极的看法，所以，这些拥有持久消费能力的体育爱好者也被认为是金融产品的优质目标消费者群体。通过体育运动对目标受众精准传递，能够帮小牛在线挑选更优质、更好、更讲信用的客户人群。更进一步而言，体育产业的参与人群因为兴趣而集中在一起，其群体集聚性强，更容易被批量营销，所以通过与客户的个人兴趣爱好产生联系，能够加深小牛在线与客户的长期互动，提升认同度，提高用户黏度。

第三节
如何用“体育+公益”品牌传播体现企业愿景?

一、品牌建设之体育:小牛在线2017年国际冠军杯中国赛

国际冠军杯(The International Champions Cup)由Relevent Sports创始,姐妹公司嘉达利锋集团(Catalyst Media Group)负责亚太地区赛事运营,聚集全世界顶级的足球俱乐部,开创国际足球季前系列赛的新模式。自2013年在北美创办之后,国际冠军杯吸引了众多球迷前往包括美国、加拿大、墨西哥、澳大利亚等地观看比赛。作为在全球范围内具有影响力的高端赛事,国际冠军杯中国赛将顶级的欧洲足球体验和足球生活方式引入中国:2015年,国际冠军杯中国赛首次举办,深圳、广州和上海的中国球迷见证了皇家马德里、AC米兰和国际米兰带来的精彩对决;2016年,国际冠军杯中国赛再度于夏天打响战役,共有17支顶级球队参加比赛,为上海和深圳的球迷带来了欧洲豪门足球的观赛体验。国际冠军杯在中国举办完整赛事,更是覆盖了全世界最大的球迷市场。

小牛在线一直有体育营销的传统,也热爱体育的拼搏精神,随着小牛在线的不断国际化,与国际冠军杯的此次合作也使小牛在线的品牌公益触角到达世界更多地方。2017年的国际冠军杯中国赛启动仪式在上海盛大举行,7月正式开赛,赛事以创新的模式为球迷带来最真实的体验,为当地政府以及赞助合作伙伴提供了良好的合作模式和商业契机,也为参赛豪门俱乐部及球星接触欧洲以外的足球市场提供了优质平台。作为全球最具商业价值的豪门热身赛事,国际冠军杯中国赛不仅为国内球迷提供了与全球顶级足球俱乐部零距离接触的机会,也为优秀企业品牌展示提供了绝佳的平台。

小牛在线作为2017年国际冠军杯中国赛唯一官方公益合作伙伴及独家互联网金融合作伙伴而加入,为这场国际赛事增添了新的活力元素。小牛在线不仅是国际冠军杯中国赛首个金融服务类赞助商,也联合中国赛举办了首个“ICC公众开放日”公益活动,来自AC米兰和拜仁慕尼黑的球星及名宿出席了两场开放日活动,与球迷们热情互动。

通过与国际冠军杯的体育公益合作以及多维度的相互契合，小牛在线将企业品牌再次提升至一个新的台阶。尼尔森市场调研报告显示，小牛在线的品牌认知度与好感度均有不同程度的提升。

二、品牌建设之公益：小牛在线“宝贝很牛”公益项目

小牛在线在打造2017年国际冠军杯中国赛后，又结合了传统的“宝贝很牛”的公益活动。“宝贝很牛”公益项目是小牛在线继“妈妈很牛”公益资助计划后，在2016年起推出的儿童公益项目。从首期联合中国青少年发展基金会开展的“希望工程快乐电影”公益项目以来，到第二届携手易建联薪火阵营与中国宋庆龄基金会共同举办的“薪火阵营 × 宝贝很牛公益篮球训练营”，再到2017年的国际冠军杯中国赛·小牛在线“宝贝很牛”公益项目，都收到了很好的社会反响。“宝贝很牛”公益计划是小牛在线秉持“授人以鱼不如授人以渔”的理念，关注青少年的发展和成长，从文化、体育、艺术、健康等方面入手所搭建的青少年成长平台。

“宝贝很牛”公益项目是国际冠军杯在全球范围内首次与企业一同将公益目光投向热爱体育的孩子们，ICC公众开放日“让宝贝的世界变大”的公益见面会是“宝贝很牛”第三季的其中一个环节。“让宝贝的世界变大“是此项公益项目的核心内容，即“通过足球让宝贝的体育世界变大；通过乡村电影院让宝贝的艺术世界变大；通过星际梦秀的家庭魔幻秀场，让宝贝的美好世界变大”，每一次的创意活动都会伴随着宝贝的愉快健康成长。“宝贝很牛”将小牛在线的公益基础与国际冠军杯在中国的品牌效应完美融合，共同传递了“为广大农村儿童及偏远山区儿童开阔眼界、实现梦想”的公益热心和美好期许。

除此之外，小牛在线还结合国际冠军杯及“宝贝很牛”少儿公益设计了多幅公益海报，在深圳地铁大范围投放，相比起单纯的品牌投放、广告投放，这种公益海报的形式更贴近广大用户的生活实际，更能增加接触深度、扩大感知范围。小牛在线作为在深圳地区建立、发展起来的互联网金融平台，以这种方式将关怀儿童、热爱体育的公益理念深植在更多人的心中。

第四节 创新品牌传播的亮点和效果

由于小牛在线的良好运作和与国际冠军杯的配合，这次体育与公益相结合的项目，极大地提升了小牛在线的品牌价值、企业价值和业务价值：

第一，小牛在线获得了全国范围内广泛的品牌认知，大大增强宣传力度，获得极大的曝光量，总曝光量高达1亿4425万次；媒体传播曝光量约8085万次；视频端曝光量约500万次；品牌投放曝光量约5290万次；社会化媒体总阅读量约达550万次；总媒体印象达2.5亿，品牌吸引度达63%。

第二，品牌与业务部门良好合作，实现品效结合。活动期间，平均购买意愿超过47%，使单个用户获取成本降低50%，用户首投金额提高110%。

第三，有效实现了小牛在线与集团各品牌的相互协同，小牛在线协同小牛资本、小牛普惠共同参与，将品牌传播效果提升300%。

第四，打破传统IP单向推送，通过拜仁公益开放日、AC米兰球星见面会、“牵

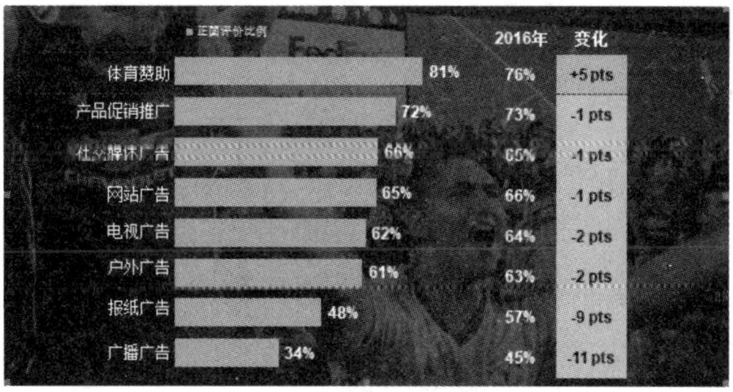

体育营销最受球迷认可

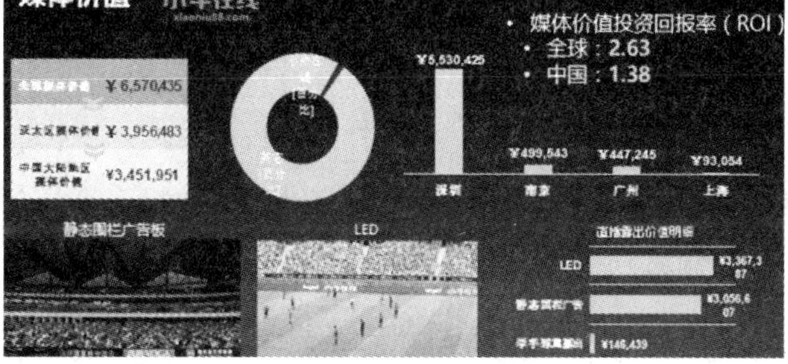

媒体价值

手球童”选拔活动，在地铁、影院、E 栈、富城大厦进行广告投放以及拍摄公益纪录片等一系列活动，采取了双向传播的新模式。

2017 年，国际冠军杯中国赛组委会评价称，小牛在线将体育与企业公益有机结合，无论从宣传力还是感染力来看，小牛在线都是 2017 年度国际冠军杯中国赛与品牌合作的最佳案例之一。

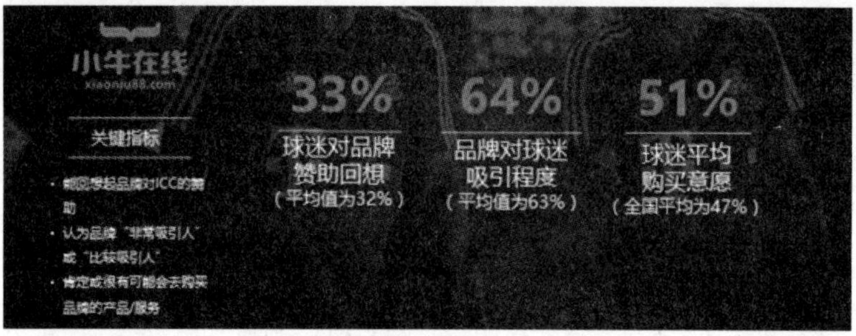

消费者认知

一、小牛在线品牌建设

1. 从品牌建设的角度

坚持同一品牌理念，聚焦运动公益，同时充分利用了 ICC 这个超级体育 IP，集中于赛事期间这段时间，迅速地传递品牌价值。坚持“热爱家庭、热爱运动的人对未来有着更积极的看法，更注重个人的金融信用”的这一研究理论，对消费者进行科学分类，并对这些拥有持久消费能力的体育爱好者的目标群体进行精准传递、以点及面，受众目标更为明确。

2. 品牌创建以“体育公益”为核心

品牌坚持深入体育与公益领域，在适当的机会促进两者相结合，深入打造“宝贝很牛”公益项目。通过体育资源整合来实现公益传播效果最大化，将企业的理念和价值观传输给社会，进一步实现企业、社会公众和公益组织等多方共赢的目标。借势拜仁、AC 米兰、阿森纳、多特蒙德、国际米兰等豪门球队，选择深圳站球赛对博，引起多方媒体对小牛在线的多渠道传播和球迷群众的口碑传播。

二、小牛在线体育公益品牌建设的特色

1. 公益传播项目与小牛在线品牌的拟合度

小牛在线品牌建设一直围绕一个核心运作,单个广告促销公关赞助等都由"宝贝很牛"统一的主题串联起来，这种"美好资本、美好科技、美好生活"让消费者感知公益事件和小牛在线品牌的相似性和一致性。企业、公益事业与顾客之间关联度直接影响消费者对企业品牌的态度，从而使消费者更加倾向于具有高拟合度的产品，"企业和公益事业的匹配度"直接影响消费者的购买意愿。

2. 坚持公益项目的长期性和一致性

如果公益项目经常变换主题会使品牌形象模糊,造成品牌稀释。小牛在线的"体育+公益"营销是一项长期的事业，通过多年一致的公益活动已在消费者心中建立了小牛在线品牌与公益项目的联系，它代表了一项长期承诺，加深了小牛在线用户对其的信任感和忠诚感。

3. 强有力地向目标客群传递特定的情感

情感的沟通在小牛在线品牌建设和经营中具有独特意义，客户群体并非能准确和客观判断产品价值，他们是根据自己所理解的价值来行事。公益传播是一场有感知的营销，品牌的价值最终取决于用户的情感，诸如"责任心、信任感、忠诚度"等消费感受都是小牛在线品牌附丁产品之中的情感核心价值。小牛在线的公益传播就是通过有效地与目标客户群互动沟通，选择恰当的渠道，将要表达的情感和品牌信息传播开来。

三、小牛在线"ICC"IP 的运用

1. 赛事主视觉的市场营销

ICC 官方线上平台（全球网站、中国官网）增加小牛在线的 Logo，只要点击 Logo 即可进入小牛在线官方网站。同时，小牛在线创建相应匹配的中国官网，并在官方微博上进行同步报道和推送赛事信息，小牛在线还参与组织 2017 年国际冠军杯官方发布会，参与设计和制作配套的赛事印刷品、赛事球票、VIP 邀请函等。

2. 品牌推广及 IP 使用

结合赛事 IP 以及球队见面会活动，最大化地宣传"宝贝很牛"公益项目，推动

参与项目中有足球特长的贫困家庭的小孩与 AC 米兰、拜仁慕尼黑球星进行见面互动，实现孩子们的足球梦想。在此期间，围绕公益项目、赛事 IP 以及球队权益展开公关活动，更快速地推动项目进程，保证项目顺利圆满完成。在社交媒体推广策略中，作为社交媒体上最活跃的赞助商之一，小牛在线一方面利用 ICC 的 IP 联合推广“宝贝很牛”公益活动和赠送球票的活动；另一方面在户外广告和推广策略中，小牛在线在深圳市内大范围投放户外广告推广赛事及“宝贝很牛”公益活动。

3. 配合赛事推动多项关联活动，在活动中推进宣传

小牛在线在深圳主办的“ICC 公众开放日”活动中，有 8 名足球明星出席，近 230 家媒体报道活动，6000 万媒体总印象。此外还有“宝贝很牛”拜仁慕尼黑官方训练独家球星见面会等。这些活动中，小牛品牌的广告滚动式地推进宣传。例如，深圳站牵手球童的球衣 Logo 露出及挑选；赛时球场周围的 LED 广告板、二层环廊静态广告、大屏幕广告、球场内外装饰等，也有不同程度的投放宣传。

品牌体育公益 IP 打造

第五节　案例启示

一、体育公益传播纳入品牌整体战略

小牛在线认识到体育公益传播对品牌建设的重要意义，把体育公益传播纳入企业整体发展战略，不仅有完善的体育公益营销战略计划体系，并且能够将体育公益的特色与企业自身提供的多元化产品和服务紧密联系起来，从战略的高度思考公益传播对企业品牌建设的意义。公益传播层面围绕着小牛金融品牌战略规划思路去运作，结合金融产品的特点和小牛作为新型网络金融公司的特性中符合品牌核心理念的部分，形成“精神契合型”的体育公益主题，并保持该理念主题的统一性、连续性、一贯性和系统性，足以让消费者识别品牌、牢记品牌的独特之处，留下深刻良好的印象，成为互联网金融优秀品牌案例之一。

二、体育公益传播对品牌建设的意义

体育公益慈善与企业品牌的建设相得益彰，脚踏实地践行公益，开拓创新、关爱社会，秉承博爱的社会理想，传递积极向上的企业形象，小牛在线将在社会公益的道路上继续向着美好未来加速前行，提升品牌品质。

1. 提高小牛在线品牌知名度

小牛在线通过资助 2017 年国际冠军杯中国赛·小牛在线“宝贝很牛”公益项目，形成适时的策划传播思路，被公众广泛知晓，在社会上引起了一定的普遍响应度，全面长久地提升品牌的知名度。

2. 优化小牛在线品牌的联想度

企业能力和社会责任是品牌联想的两个重要维度，小牛在线除了重视通过研发能力、技术创新等方式助力提升公司能力外，还积极重视塑造社会责任的好形象，通过建立诚信来增加企业品牌价值。

3. 增强小牛在线品牌的信任度

小牛在线在公益传播过程中，以一种积极的态度承担社会责任，关心公众，分享正能量，扶植呵护孩子们的体育梦想，这种让人信赖、可靠的形象与品牌相契合，无形中提升了消费者对小牛在线品牌的信任度。

4. 形成小牛在线品牌的忠诚度

通过这次的体育公益项目，让客户群体对小牛在线的产品和服务偏向慈善、助人的意愿有了更深入的了解，激发了消费者积极的生活态度和美好的道德情操，这些情感在消费过程中会得到强化和升华，从而促使用户对小牛在线的品牌建立品牌忠诚度，产生持续的购买行为，同时也易于形成好的口碑传播。

本案例执笔人：卢杨

IP 运营篇

中国最佳品牌
建设案例IX

03

平安信用卡
数字化时代的 IP 交互营销新思路

数字化，注定是一次影响范围最广的颠覆，从工作、生活的每一个细节到整个社会经济的发展，都被裹挟其中。在数字化时代，消费者不再是商品的被动接受者，生硬的广告也不再是最好的品牌营销手段。大众传播时代近于尾声，而未来则属于那些“数据化原生代”所组成的消费者社群，社群传播时代拉开帷幕。

互联网、数字技术无时无刻不在颠覆业态，那些观望、等待、行动缓慢的企业毫无疑问将被淘汰。找到转型路径，金融型企业对于这个问题的思考显然变得越来越重要。平安银行作为一家锐意创新、致力打造“更懂您”的智能零售银行的金融机构，品牌营销的创新转型极其重要。利用互联网时代中的社群关注度，捕捉社群需求和情绪，选择合适的场景和载体，进而推动品牌信息和产品在社群内快速流动，将品牌理念广而告之，不仅是一种新的尝试，也将是一种新的突破。平安信用卡品牌与 IP 交互营销的新思路，无疑是在这样的基础上进行思考和策划的。

第一节　导入 IP 交互营销新思路的契机

平安银行是总部设在深圳的全国性股份制商业银行，其前身是深圳发展银行，是中国内地首家公开上市的全国性股份制银行。平安银行信用卡中心成立于2000 年，并于 2015 年升级为具有二级法人资格、相对独立运作的信用卡专营机构。作为基础支付工具，信用卡是平安银行零售发展的重要一环；作为平安银行的又一张金融“名片”，信用卡成为其获取目标客户、提高客户黏度、挖掘客户经营数据最有效的方式。

一、转型新战略带来营销新思路

2017 年，平安银行围绕“科技引领、零售突破、对公做精”的新战略进行整体转型，包括：发挥科技优势，打造智能化零售银行；发挥行业化及专业化优势，支持产业升级；发挥综合金融特色，提供“一站式”金融服务。此外，还联合集团“医疗、汽车、金融、房产及智慧城市”五大生态圈相关专业公司举办快闪活动，旨在通过一系列的快闪互动，构建出各种生活消费场景，为客户带来沉浸式的体验。

平安银行以战略转型为契机，全面开启回归金融本源的道路，将银行发展与服务实体经济、支持供给侧结构性改革、践行普惠金融紧密结合，在深化战略转型方面出台一系列政策，有规划、有执行、有保障地推进零售转型，打造智能化零售银行的新标杆。

在转型新战略的指导下，平安银行取得了一系列成绩。根据平安银行 2017 年年报数据：资产总额近 3.25 万亿元，较 2016 年年末增长 9.99%；实现营业收入1057.86 亿元；净利润 231.89 亿元，同比增长 2.61%，盈利能力保持稳定。

1. 将“科技引领”作为发展引擎

一方面，重视科技创新，加大科技投入，搭建科技平台，以支持各项金融服务加速创新，与此同时，从国内外引进互联网人才，组建一支“业务 + 开发”一体化的零售专属 IT 团队，在大数据、人工智能、云平台、区块链等前沿领域，给内部科技平台的建设和完善提供坚实基础，促使业务高科技化，比如“AI+ 客服”“AI+ 投顾”

“AI+ 风控”等等。另一方面，线上线下进行升级和贯通，同时以科技创新引领智能服务，升级打造服务体系，不断扩大自身平台影响力，逐渐将业务纳入线上，提升用户体验，将区块链技术落地，保证信息历史追溯性，加强用户资产安全。

在建设零售新门店的同时，零售新门店的经营模式“零运融合、数据 O2O 和服务 O2O”已经向全行所有分支行推广，更多的网点服务人员走到厅堂为客户提供服务，各网点逐步配置 PAD、安装行员 App 并配套全国培训，促进所有厅堂人员利用科技手段提升运营效率，以实现到店客户“不排队、不等待”。

2. 借助综合金融资源，快速突破零售局面

大力挖掘平安集团综合金融资源，提升服务的覆盖广度和深度，同时对服务、产品、流程等环节进行全面优化，提升客户体验，满足客户多样化的金融需求。

自 2017 年 8 月，平安银行首家“零售新门店”广州流花支行开业亮相以来，平安银行不断重构线下新门店经营模式，为客户升级提供“一站式”的金融服务。2018 年 5 月，平安智慧生态快闪在 34 城、30 家零售新门店、23 家传统门店同步开启，福州、上海、深圳、广州、成都、廊坊六大主要会场联播，切实打造了平安银行新零售金融的标杆形象。平安银行在金融新零售方面快速布局，在全国各分行不断复制“零售新门店”，预计 2018 年年底“零售新门店”将达到 100 家。

2017 年，零售贡献凸显，全年零售业务收入近 467 亿元、净利润近 157 亿元，占全行比重分别为 44% 和 68%，实现高质量增长，有力支撑其他业务的增长。尖兵产品之一的信用卡亦有不俗表现：信用卡流通卡量近 3834 万张，同比增长近 50%；信用卡总交易金额近 1.55 亿元，同比增长 38 %。

二、新战略下信用卡提速升级

我国人均持有信用卡数量远低于美国、韩国，国内信用卡并没有达到饱和状态，与此同时，我国消费性信贷市场却处于高速成长阶段，这意味着作为传统消费信贷市场主体的信用卡，孕育着无限的市场潜力。

1. 更快速便捷的服务：客户服务全流程提速

信用卡作为平安银行零售转型的三大尖兵之一，依托综合金融和科技创新优势，进行科技引领的零售智能化转型，发挥优势业务能力，并建立与之匹配的策略及保障机制。比如，在销售申请环节实现了E化申请方式；在审批环节中，利用分段式审批、人脸识别，平台自动化的比例提升，审批时效答复提升；在支付环节，利用大数据构建客户行为预测模型，提供精准的额度服务，信用卡的授权笔数核准率行业领先。

2. 可自由选择的创新产品：细分市场和目标客户群

作为行业内较早以精细化经营为策略的发卡机构，平安银行信用卡中心已在各个细分市场通过创新服务与客户建立了深度沟通，比如为年轻客户量身定做、根据自身需求挑选权益的“由你卡”，成为打破传统信用卡产品体系的先锋。这些创新产品的推广和联动，又进一步加深交叉营销的广度和深度，意味着客户持有一张平安信用卡即可享受一站式金融服务，例如集车主、消费、金融等服务于一体的“综合金融车主生态圈”，为高端持卡客户提供接送机、航班延误险、航空意外险等全方位贵宾专属权益。

3. 全面的用卡优惠：360度综合金融产品与服务

平安信用卡不断在全国范围内开展优惠活动，覆盖加油、餐饮、电影、百货和超市等各种服务领域的合作商，形成一定规模的优惠商户网络。同时关注打造综合金融优势，将“医、食、住、行、玩”等全方位金融产品服务联动起来，为持卡人提供最大的优惠与便利。

三、IP核心内容与品牌理念的融合

2017年是平安的“服务年”，“重服务、重沟通”的理念全面贯穿于此次跨界营销的过程。平安信用卡在金融消费升级背景下，面对用户对一站式便利集成服务的急切需求，全面升级服务平台，运用科技创新和过硬的创新技术，实现快速审批发卡的效能，随之有了本次营销的初始创意，使得消费场景与IP内容高度契合。

品牌与IP交互营销，首先要深度挖掘跨界的核心价值，重视和用户沟通，通过热门IP传递平安信用卡“快、易、好”的服务理念，以用户熟悉的“语言方式”和“创新玩法”保持与客户的深度沟通，并将这种沟通转化成用户与平安的良性互动，这才是打造平安信用卡优质用卡新生态营销战略的主要内容。

据统计，此次平安信用卡与《速度与激情8》跨界营销实现品牌曝光3.2亿人次，广告引流 460 万人次，微博、微信话题阅读量超过 4200 万次，两次登顶微博热搜榜，相关搜索指数呈现几何级增长。由平安信用卡与《速度与激情 8》延伸出的相关 UGC（User Generated Content，指用户原创内容）视频也在朋友圈广为传播，一时成为影迷、车迷谈论的热门话题。

第二节　品牌竞争定位于速度优势

平安信用卡在打造产品差异化竞争优势过程中发现，速度优势是一个较好的突破点。信用卡的速度优势即能够更及时地满足顾客的需求，快速提供产品和服务的能力；同时更快地适应客户群体需求的变化，即对环境变化的快速应变能力。

一、速度优势的创造

平安信用卡想在趋同中进行突围，利用技术提升内部速度，塑造自身的速度优势，途径有二，即来自于内部的提升和与外部的协同配合。因此，速度优势的创造要注重两个方面：一是快速为客户提供产品和服务；二是对需求市场的快速反应和快速调整。这种速度优势是在日趋同质化的大环境中赢得顾客的重要手段之一。

1. 整合创新 App，搭建一站式综合金融服务平台

信用卡 App 与直销功能的橙子银行、借记卡功能的口袋银行整合，升级为新口袋银行 App 借助“互联网 +”发展趋势，搭建“金融 + 生活”的一站式综合金融移动服务平台，将贷款、理财、信用卡、支付等功能集中到一个全零售产品线上，将服务进行综合统一聚焦，全面开启“一键服务”新时代。用户在 App 上即可体验“一键办卡、一键还款、一键查询、一键借款”等诸多一键服务，以及“一键申请航班延误理赔、一键呼叫道路救援、一键预约酒后代驾”等增值服务。同时，App 还提供了理财保险等其他金融服务入口，用户可一键转入，实现无缝连接、实时跟进。

2. 分段式智能申请流程的提升

信用卡发卡端采取从申请网络化到运营端加速等措施，建立快速发卡通道，同

时采用人脸识别及实时审批系统，实现前后台的快速对接响应、各环节流程提速。

传统模式下，一个客户若在网上申请信用卡，要填写大约30—40个栏位，夜间制卡批量处理，客户等待时间长。分段式智能申请流程，通过人工智能和大数据的驱动，根据对不同客户的判断给予针对性的填写要求，优质客户只须填写基本内容即可快速获得审批结果；被系统判断存在一定风险或风险较高的申请客户，除填写较详细的申请信息外，还须补充其他资质材料进行审核。

这种审核机制可每日进行多批制卡，并增加配送频次，实现客户最快当天领卡，将客户从申请到收到卡片的平均时长缩减至3天。同时，率先在自助电话银行服务中实现全景智能语音导航功能，客户直接说出想要的服务即可实现所需服务，呼叫等待时间减少，效率提高，客户服务全流程提速。

3. 利用大数据，迅速获得精准需求

利用内外大数据平台，将评分模型体系深入运用到信用卡业务全生命周期的每个环节。在业务规模快速增长的情况下，平安信用卡中心利用大数据和人工智能实现精准营销，为用户提供“千人千面”的个性化服务。在海量数据基础上，对客户的每一笔交易行为贴上标签，利用大数据模型进行分析和预算，获得客户独特的服务需求和风险等级，进而在其风险承受范围之内精准推送其最需要、最期望的产品和服务，如推动分期场景、提供差异化定价等。

4. 再次升级智能服务平台，率先试水共享模式

在业内推出“银行业智能抢单式移动业务平台”，率先试水互联网共享模式。客户通过平安口袋银行App发起业务预约申请，银行客户经理抢单后根据客户预约时间和地点上门服务。平安银行智能抢单移动业务平台的推出，既实现了客户“足不出户”即可优享银行服务，又在服务需求方和供给方之间架起了快捷、低成本的桥梁，即利用平台整合证件识别、人脸识别、GPS定位及大数据模型分析等技术，通过互联网的创新，大大提升用户体验，降低服务供求双方的连接成本，这是顺应互联网时代共享经济的一大创举。

二、速度优势对标《速度与激情8》

2017年，平安主打“极速、智能”理念，以“服务速度”和“科技创新”的服务主旨，逐一击破用户在金融服务体验上的痛点，致力提升客户在“医、食、住、行”等场景中的金融消费体验。同时，针对当下大多数消费者，特别是年轻客户的共性服务需求，推出“一键服务体系”。

平安信用卡品牌与IP交互营销策略通过举办活动、资源整合、电影植入来展开。以一键服务作为差异化传播内容，强调“便捷”的利益点，围绕“极速”这个中心词，多渠道多手段引爆相关话题，以此推出“一键服务系列”，并且通过主流媒体、社会化媒体传播、影院贴片、中超赛场广告、线下地铁广告等渠道，最大限度提升曝光量。

信用卡创新营销“一键申请，秒速审批”的传递核心一经敲定，从传播内容策划到投放，整个过程的时间不是很长。企业在进行业务筛选时分别从内外部两个角度考虑若干重要因素。对内：确定核心业务，在信用卡“一键服务”中进行选择（申请，借款，还款，产品体验，理赔等）；对外：营销目的要抓住潜在客户，内容创意上就要凸显“快”。

其中，平安信用卡的众多一键服务对于用户来说是非常好的权益，但是用户对于这些一键服务并不了解，如何提升用户认知，提高用户的使用体验，是平安信用卡亟待解决的一个问题。从市场机会的角度来看，电影IP借势逐渐成为近年来企业打响品牌的主流方式之一，品牌与电影IP的巧妙结合能够快速获取用户关注。在众多品牌争相追捧超级大IP的形势下，平安信用卡不仅需要巧妙嫁接自身业务，同时又要力求在众多IP借势活动中脱颖而出。《速度与激情8》是非常有价值和影响力的超级电影IP，潜在观影人数十分巨大，借势《速度与激情8》，无疑为品牌服务的传播打了一剂强心针。通过电影完成了对顾客价值传递的需求，让每个细分的客户群对信用卡日常的快捷、便利的使用产生一定的情感依赖，以此巩固平安信用卡的市场基础。

《速度与激情8》的宣传海报

第三节　顾客价值聚焦于创新价值

注重顾客价值与竞争力相匹配才是平安信用卡基于自身特色的价值定位。企业向目标顾客提供更好、更优化的价值，促使顾客为了获得最大的感知价值而更加乐于和企业维持互动的关系。与顾客需求进行互动，双向“取悦”，才会更加巩固用户对于企业产品和服务的忠诚度。创造顾客价值是在新的市场形势下对顾客满意、顾客忠诚的扩充与发展，它为企业进行战略选择、提升自身竞争力等提供了一个全新的理念与方法，是企业获取竞争优势的新来源。

一、顾客价值重新定位的基础

平安信用卡不断地为用户创造经济价值，特别是对特定的客户群有特定的价值定位，从而推出创新产品和服务，更好地满足用户需求。

1. 创新产品和服务，强化客群精细化经营

分类客群，将产品服务精细化。一是针对高端客群，推出车主白金卡，围绕客户购险、养车、用车需求等，为其提供全方位的专属服务权益；携手美国运通推出平安美国运通白夫长白金卡和平安美国运通美元白金卡。这一系列产品通过全球礼宾服务、出行保障乃至全球定制的高级服务等，全面升级精英客群用卡生态圈，满足高端商旅人士和精英白领“私享 + 定制”的用卡需求。二是针对年轻客户群体，推出全新的电子信用卡“平安不带卡”，一键办卡即刻使用，满足年轻客群快速方便的用卡需求；推出爱奇艺联名卡，满足视频流量客户便利集成、资源共享的用卡需求。

2. 消费金融场景化

随着支付移动化、场景化的发展，用户对支付产品灵活性、易用性的需求愈加明显，而传统金融机构的移动支付产品更加偏向功能性（强金融、弱场景）。平安信用卡中心更加注重场景和产品的融合，打造以汽车、家装、医美等热点消费领域为主要场景的分期产品体系，实现资金与场景的无缝衔接，主动将消费信贷授信给优质客群。

3. 打造个性化服务

抓住客户的关注点，形成一个专业化的定向内容和服务的推送，提升服务的个性化水平。平安银行为打造“更懂你的智能银行”，创新性地在平安 2017 服务年提出“AI 智能语音”解决方案，将 AI 智能语音服务融入用户生命周期服务的各个触点。此外，为了给客户提供全新的服务体验，平安银行还打造了 7×24 小时机器人服务专员，用户只需通过平安口袋银行 App 即可与之对话甚至还可进行个性化互动。截至目前，信用卡 E 化服务占比达到 90%，处于业内领先水平。另一款为车主用户量身打造的升级产品——平安车主白金信用卡也颇受欢迎，聚焦汽车后消费市场的品质服务，客户可以通过平安口袋银行 App 体验“一键救援、一键返现、一键洗车和一键代驾”等。

二、顾客价值定位对标《速度与激情 8》

打造 IP 的思考原点是设定人格的三观、形象、背景、故事，这是底层的建设；而打造品牌的思考原点是讲产品满足顾客的利益点，在这个基础上才发展出品牌理念和品牌精神。处于移动互联时代的消费者，对速度、便利有需求，而且容易产生情感体验，这个就是市场基础，同时也让《速度与激情》的 IP 完全对接上了平安银行信用卡对顾客的价值传递需求。

平安信用卡品牌营销一直植入娱乐和体育活动，近期逐渐植入电视剧，同时与国内 IP 合作，未来趋势将逐渐与国外 IP 进行合作。《速度与激情》这一系列电影一直深受国内观众的喜爱，在电影名称和内容上也和平安信用卡所强调的“一键服务”要快、要便利的口号吻合，是巧合，也有渊源。利用《速度与激情 8》电影的宣传造势将平安信用卡年度规划和资源巧妙融合起来，形成了平安信用卡创新 IP 与品牌交互营销的新思路。在这个背景下叙述平安银行的品牌传播策略，显然更为迅速和高效。首先是确定为业务信用卡做宣传，再确定信用卡的口号是“一键服务，秒速审批”，然后进行《速度与激情 8》的创意匹配，选择渠道进行推广。因此，娱乐和体育营销是平安的长期战略，随着时代的变革，从早期的植入电视剧等与国内 IP 合作，逐渐发展到与国外 IP 结合，从而将年度规划和资源相结合。

第四节 营销传播发力于社群传播

由于消费结构的变化和营销技术的进步，品牌与品牌、品牌与IP之间的跨界融合正成为当下商业生态的营销新趋势。而跨界融合不仅仅是品牌之间简单的元素相加，而是进一步从产品、内容、媒介，甚至到社群的深度交互与融合。

平安信用卡本次的案例就是意识到社群传播时代大势的到来而进行的一次营销活动，它非常明确地知道，要从广告思维走向社群提供服务，构建基于兴趣或产品的圈子（社群），才能获得海量的注意力，才能真正获得用户的关注和信任。

一、场景（Context）下的营销

在适合的场景下，消费者对某一类的需求会更为集中，群体的情绪及状态更便于营销。简单消费者的集中是不够的，更为重要的是批量的消费者需求能集中在较短时间，瞄准消费者聚集、需求集中的背景来选择合适的营销场景，这样的场景就是营销宣传的好时机。

《速度与激情》是以飞车家族为主题的系列动作电影。自2001年上映以来可以说是风靡全球。从第一部到第八部的10多年间，积累了一大批铁杆粉丝，除了电影中的爱恨情仇激荡起内心共鸣，影片中的飙车情节更是一场视觉的极速盛宴。《速度与激情8》电影上映仅一天票房就超4亿元，3天揽金13亿元，受欢迎程度可见一斑！影片以美丽的风景公路开场，没有丝毫的漫长叙事废话，飙车戏码正式上演，已经放映到第八部了，依然能用眼花缭乱的飞车戏码爽翻观众，比前七部更精彩。

平安信用卡将本次案例根植于特定场景下受众消费能力强劲的场景进行营销，企图通过这种方式对传统的营销模式进行场景化的重新塑造，影院作为兼具娱乐消费和社交消费的原生场景，使得其价值凸显。

二、找到特定的人群（Community）

社群的时代，不同于仅仅将各种内容用超链接的方式组织在一起的超链接时代，而是将线下的关系及社交带入互联网产品及营销中去，要做到“针对特定的社

群（Community）”。在平安的综合金融，车险、寿险、银行、陆金所小消费客户、证券、信托、好医生、万家医疗等业务的交叉营销中，业务最高峰时段中 50%—60% 来自于信用卡的贡献，它完全是品牌属性的一部分，而这部分的消费群体和《速度与激情 8》的观影群体高度重合。

互联网的群体呈现部落化，有效的营销传播方式将走向社群化，围绕潜在的社群做努力。平安信用卡不仅懂得社群在哪里，还尝试去构建和维护自己的社群，以抓住自己的客户，进而实现目标客群的年轻化定位和匹配。平安的品牌形象一直是稳重可靠、专业信赖，占比较多的中产客群，对品牌的认可度和忠诚度比较高，有一定优势；综合类的保险业务中，家庭客户居多，中产客群的保有量和卡产品比较有优势，然而年轻客群占比不多，略显弱势。

未来品牌要加强年轻化，就要在品牌营销案例中将年轻化和激情活力传递到客群中，体现出年轻有活力的另一面的品牌形象，以期吸引潜在的年轻消费群体，这也是专项零售银行的主要举措。当然，平安在营销策略中不仅要依靠年轻化的表达，同时更要传递团队有激情、有速度、有专业、“势如破竹”的姿态促进转型，这层寓意又与电影《速度与激情 8》的内容层层相对应。

三、增强内容（Content）的吸引力

营销的核心是传播特定的内容。包括微信公众平台、朋友圈、微博发布、宣传彩页、电视广告等都是内容。渠道（电视、报纸、互联网），是将内容快速撒向大众，在本次新营销中平安信用卡显然更加关注内容在传播中的魅力。

平安信用卡与《速度与激情 8》的跨界营销策略在制定上从社群出发：《速度与激情 8》观影群体与平安信用卡的消费群体高度重合，目标客群的消费场景与平安信用卡产品“一键服务”的场景也高度吻合。因此，平安信用卡制定了以“一键服务”为主题的传播策略，策划了结合电影元素的跨界创意传播内容。

通过梳理目标客群的消费痛点和市场上竞品的营销策略，平安信用卡发现，竞品在向客群进行营销时的主打产品和活动同质化现象日趋严重，而想要在激烈的市场竞争中突破重围，提升客户体验以开辟新路显然还需另创新意。为此，平安信用卡在此次跨界营销“一键服务”过程中，主打服务和体验场景：一是在内容上，平安

信用卡以体验服务为出发点，通过网络视频、影院贴片将《速度与激情 8》的极速与“一键办卡”的“秒速审批”相结合，利用电影元素和相关情节吸引受众注意力并引发大范围的话题讨论；二是同时在社交平台上发布创意 H5（见注）、动态海报、漫画等直观形象，加强与受众的互动，形成跨界营销的闭环。

提醒一下：H5 包含 HTML5 的标记规范，运用到了例如 CSS、JS(Java) 等多种计算机语言，可以实现多种动效和视听效果，会利用到后端和前端的多种功能，主要在手机端传播，可以跨平台在 PC、平板上浏览等。

四、增强连接（Connections）引发裂变

营销进入窄众时代，对所有群体都有影响的方法已经落伍，需要的是精准传播。针对特定群体，有效的方式是跟随社群网络结构进行人与人连接快速的扩散与传播（Connections），获得有效的传播及价值。

为了加强营销传播力度，平安信用卡采取了在媒介平台上实现线下线上互通流量，进行多渠道同时分发传播的策略。此外，跨界营销还充分借助平安集团强大的资源支持，从地铁广告到主流媒介、从移动端到影城全面制定了线上线下全面覆盖目标客群的媒介策略，线下结合《速度与激情 8》受众的核心聚集地进行内容分发，线上精准定位目标客群的触媒阵地进行多阶段传播。这次跨界营销一方面借助电影内容，强化了受众对“一键办卡”“一键提额”“一键借款”等各项一键服务的理解；另一方面实现了深度互动，让受众体验到平安信用卡的“不同之处”。在营销活动中，平安信用卡对于扩散与传播效果考虑了社群的结构、社群特性、节点扩散的动力、个体传播的磨损等方面，构建了有效的扩散机制从而获得了有较大价值的回报。

五、社群营销取得的成效

1. 品牌行动获得的效果

投放户外地铁及纸媒广告曝光达 1000 万人次；调动 1000 多家分支行网点的落地广告阵地全方位曝光，另投放中超赛场跑马灯广告，曝光达 2800 万人次；影前广告在全国 18 个城市共播放超 14 万场次，曝光量超 2000 万人次；精选主流视频及新闻 App 海量曝光，共获得广告曝光量 2.1 亿次；配合社会化媒体传播，引起用户讨论，

百度指数和微信指数快速上升。

2. 传播活动的效果

实现品牌曝光 3.2 亿人次，广告引流 461 万人次。这些数据无一不反映出本次营销策划活动取得的巨大成功，同时也为平安品牌未来进一步加强与国外 IP 的合作打下良好基础。

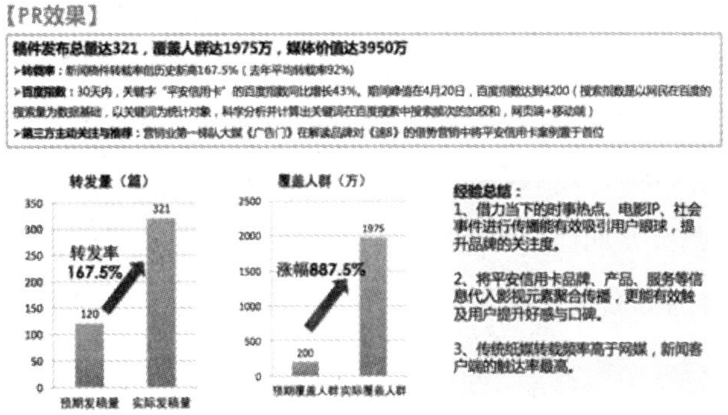

PR 传播策略的效果

（PR: Public Relations，组织机构与公众环境之间的沟通与传播关系）

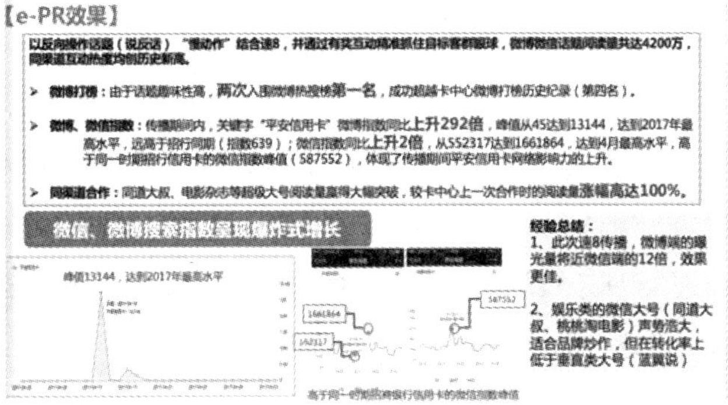

e-PR 传播策略的效果

（e-PR: Electronic Public Relation，网络公关包括网络新闻发布、事件营销、口碑营销、搜索引擎营销、微博营销等）

第五节 案例启示

一、数字化变革的挑战就是速度

数字化已经渗透到了消费者决策的每一步中，消费者的购买决策过程分解为知晓品牌、考虑购买品牌、完成购买行为、分享所购买的产品使用体验，想让每一个环节都有平安品牌的身影就要在品牌知悉层面，在各平台推出视频广告；在决策阶段，将用户的消费购买数字化，借用社群互动进行购买后的体验评价分享。

平安品牌营销所要推广的理念，尽可能地使在各个数字化平台上被展现，简而言之就是用户在哪里平安就在哪里，既然他们现在都在网络上，那平安就要尽可能多地被搜索、讨论，从而使得平安整个品牌进入潜在用户社群的视野里，让平安银行全方位打造的速度优势和顾客价值定位迅速被广而告之，并吸引新的用户来进行尝试和体验。

二、社群传播的新尝试

本书尝试用 4C 法则（唐兴通，2017）来解释平安信用卡营销新思路如何解决信息及产品在社群里快速流动的问题。此案例的交互式跨界营销是围绕社群开展的，选择场景的标准是围绕社群的生活、商业情形和消费习惯。在场景思维中要强调时间和地点的重要性，即在合适的时间、合适的地点，给消费者提供相应的信息来支撑购买流程。

而传播内容的构建目标是要对社群有传播效果，内容营销思考角度主要从分享、协同、给予客户答案的角度来向消费者传递信息，而传统的营销更多是通过打断用户思考、视听硬性来传递产品信息。大众传播时代已经结束，背后支撑是基于社群及跨社群的内容连接传播的崛起。

本案例执笔人：卢杨

承兴国际
如何通过体育泛娱乐打造自有品牌 IP

成立伊始，承兴国际主要业务是为世界五百强企业提供衍生品促销解决方案，2006年开始转型成为品牌运营与管理的“影子推手”，即从版权方手中购买品牌授权，再将其分销给客户，其中包括耳熟能详的变形金刚、NBA（National Basketball Association，美国职业篮球联赛）、功夫熊猫、魔兽世界、哆啦 A 梦等等。

近几年来，随着 IP 兴起，IP 的价值从最初的文化领域逐渐向商业领域延伸，并且大放异彩。随着互联网发展和 IP 趋势的变化，承兴国际的主业从单纯提供品牌授权、促销品解决方案、供应链解决方案，逐渐发展并涉及到主题娱乐规划与运营、品牌设计规划等项目服务，围绕客户目标群体打造内容与产品服务，在搭建 IP 资源分享平台的同时，通过文体项目在内的泛娱乐形式，打造自有品牌 IP。

如何利用专业的团队和稳定的流量资源打造自有 IP，增强源源不断的内容生产能力，形成从内容流到数据流的商业闭环？承兴国际在体育泛娱乐化的跨界营销中进行尝试并取得成功。本文主要介绍该公司《足球火》整合品牌传播的成功案例。

第一节　综合型文化集团的崛起

承兴国际集团1996年成立于香港并设立亚洲总部，在几十年的高速发展中，承兴国际集团逐渐形成了以IP引进和运营孵化为核心、以渠道分销和文娱内容生产为两翼，联动IP生产、经营、销售、传播的上下游，三大产业链自由连接、共荣共生的具有全球格局的泛娱乐生态链。

一、多元化的服务网络

在产业链整合方面，承兴国际集团业务已经覆盖文娱品牌行业产业链的每一个环节。目前，承兴国际已拥有遍及北美和亚太的全球业务服务网络，先后在中国内地和香港地区以及美国、新加坡等海外地区设立分公司、子公司，拥有近180家核心供应商，为合作伙伴及客户提供500余种目录产品的供应和定制服务。

在动漫、影视、渠道、主题娱乐等各个领域，承兴国际都有顺畅的合作渠道和丰富的产品内容；而在国际化扩张方面，拥有博信股份（600083）A股上市公司、承兴国际控股（02662）港股、新加坡Camsing Healthcare（BAC）3家上市公司。

二、综合型的业务板块

承兴国际包括泛娱乐、健康、智能硬件这三大板块的业务。其中，文化产业板块以IP引进和孵化为核心，涉及动漫创作及运营、影视投资、衍生品设计销售、主题娱乐运营等业务。大健康板块是依托新加坡上市公司35年的国民品牌，努力打造“健康产品+健康数据管理平台+健康服务平台”的大健康产业布局。智能硬件板块是以承兴国际旗下A股主板上市公司的博信股份为平台，基于人工智能（AI）和大数据应用，面向物联网和5G，从事智能硬件的研发和销售。

三大业务形成承兴国际的四大业态，即动漫、影视、渠道分销、主题娱乐，以打造国际化泛娱乐生态链为目标，聚集多元化商品转化能力、销售渠道、IP获取能力为企业核心竞争力。

三、积极地转变发展和跨越

承兴国际 1996 年在香港成立至今的这段时期，是稳定向前的高速发展期，不仅成功运作了“变形金刚”“功夫熊猫”“猫和老鼠”“哆啦 A 梦”“Hello Kitty”“加菲猫” “蜘蛛侠”“蝙蝠侠”等国际知名品牌，还成为百事中国全球合作供应商、宝洁中国供应商、NOKIA 中国区合作伙伴、NBA 重要零售战略合作伙伴，并跻身国内排名首位的品牌运营和管理商及国内银行界重要品牌运营与综合服务的提供商。

此后又联合中信银行发行兔斯基信用卡，成为 EA 怡亚通平台合作伙伴及中石油加油卡积分平台的供应商，获得中国石油全国合作伙伴资质，连续 10 年成为三大通信运营商主要供应商，成为中国太平洋保险积分平台唯一合作运营商，成为杭州银行积分平台合作供应商，连续四年成为 MasterCard 国际发卡组织中国区供应商，亚马逊 fire 平板电脑“咪咕版”发布承兴国际成为全国独家代理商，与建设银行、中信银行、招商银行等 10 余家国内大型银行合作发行多种定制信用卡。截至 2016 年，承兴国际集团销售规模超过 300 亿元，实现连续三年年均增长 100% 的跨越式发展。

在这场跨越式发展中，承兴国际获得了各项大奖，包括：荣膺第五届广告主峰金远奖、“品牌授权行业最具竞争力公司”大奖、2013 易观电子商务盛会“最佳品牌授权服务商”大奖、《成功营销》“最佳内容营销整合传播案例奖”铜奖、第十一届中国最佳品牌建设案例“金象奖”和最佳策划奖等。同时，也取得较好成绩，包括：广州承兴成功入选 2017 年广东企业 500 强，排名第 79 位；2017 年广东流通业 100 强中，排名第 10 位；2017 年 11 月 2 日，承兴国际集团入选首批“越秀金卡”企业名单，为 2016 年度越秀区区库税收前 50 名企业；广州市服务业发展领导小组办公室于 2017 年 2 月 27 日正式发文，承兴国际被评为 2016 年度广州市外资综合型总部企业。

第二节
《足球火》：体育泛娱乐化营销的成功尝试

体育产业被誉为文化产业中的重工业，但业内人士认为，与发达国家相比，我国体育产业尚处于起步阶段。体育产业有无数利好的消息，但国内缺乏本土优质体育IP，加之体育赛事管理与经营的经验不足，商业模式、产业模式相对比较落后，比如，中国的足球产业目前仍处于原始、粗放甚至比较浅显的商业模式，尽管国内核心球迷人数超过千万，但仍一直未能实现自身造血。

近年来，随着政策的扶持和资本的不断看好，我国的文体产业正在迎来井喷式的发展期。由国务院印发的《关于加快发展体育产业促进体育消费的若干意见》明确指出，“至 2025 年体育产业规模超过 5 万亿元、人均体育场地面积 2 平方米、经常参加锻炼的体育人口达到 5 亿”。说明我国体育产业市场存在着尚未被挖掘的巨大潜力。三年前开始，中国资本收购海外足球俱乐部异常火热，国内体育市场迎来了众多国际体量的重大 IP。在一系列利好因素的推动下，体育类综艺节目在中国的关注度和收视率呈现逐年攀升的趋势，这类节目一方面具有超强“荷尔蒙”，另一方面又有竞技本身的视觉刺激和热血精神，能够吸引不同性别和不同层次的观众，同时能吸引体育爱好者和非体育的娱乐爱好者。

一、体育泛娱乐，营销新动作

世界五大联赛的足球俱乐部都想借势进入中国市场，中国的足球产业氛围又风起云涌。在这种情况之下承兴国际顺应机遇，一方面思考着如何利用国内巨大的文娱消费市场，打造本土优质的体育赛事，开发培育体育 IP；另一方面也在探索是否可以通过真人秀的方式，召集草根足球精英，为中国足球探索另一条发展之路。

基于上述两方面思考，承兴国际做了体育泛娱乐化的尝试，并在体育产业里开始了自己的蓝图布局，首先推出大型原创素人球队养成类真人秀——《足球火》。《足球火》以足球为主看点，将高娱乐性与足球专业赛制进行有机结合，丰富节目的内容吸引了众多收视人群。

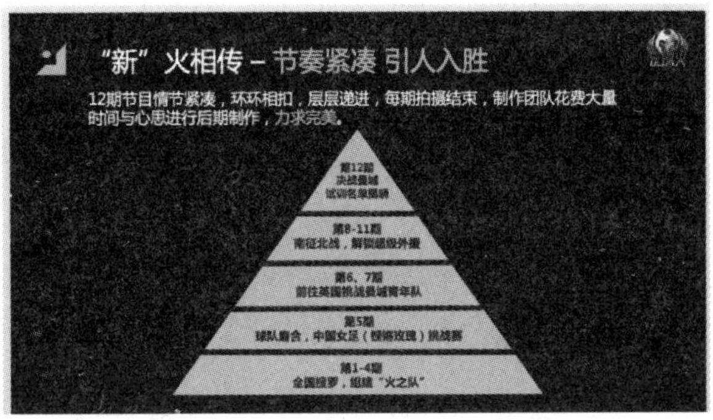

《足球火》节目期数排程表

《足球火》是中国电视综艺节目当中为数不多的把体育和娱乐进行跨界捆绑的节目，对承兴国际而言是一次投资试水，对投资俱乐部则是一次品牌融合。这个项目是在中国足球发展已经上升到“国家战略”的高度大背景下，以开发综艺为载体而制作的足球类节目，旨在加深广大观众对足球及足球文化的了解，为公众展现更多热爱足球、具有高超球技或潜力的草根追梦者，在中国打造出一片适应足球运动员、足球比赛以及足球产业发展的沃土，从而让企业品牌随着项目的扩大一起成长和蜕变，积极探索品牌 IP 建设的可持续发展之路。

2014 年，承兴国际集团在中国体育产业娱乐化道路上开始初始的尝试和动作：携手和合谷发起的美职篮巨星詹姆士·哈登球迷见面会，开启了创新互动营销模式的重要实践，随后助力帆船中国之队征战美洲杯；2015 年承兴国际参与投资的广州恒大主场迎战德国拜仁慕尼黑的足球友谊赛在广州天河体育场举行，此后，在上海 8 万人体育场联合主办意大利超级杯足球赛。

2016 年，承兴国际携手英超豪门及广东卫视打造大型真人秀节目《足球火》，获得了 2017 中国品牌价值管理论坛暨第十三届中国品牌“金象奖”十大品牌案例奖以及年度“十大最佳品牌建设案例奖”；又联手奔驰，打造中国卡通亲子跑第一品牌。

同年，在娱乐板块中，承兴国际一边完成对香港主板上市公司奕达国际集团的收购，成为奕达的最大股东，并将维持奕达在香港主板的上市地位之后，一边在北京电影学院国际交流中心举行了新公司“联承星影业”成立典礼，并进行公司的战略发布（联承星影业由承兴国际集团、北京市电影股份有限公司、北京新影联影业股份有限责任公司三家单位共同出资建立）。

2017年，承兴国际携手世界排名第二的斯诺克天王巨星"John Higgins(约翰·希金斯)"，打造全明星训练营的第一个项目——全明星精英训练营—希金斯国际斯诺克中心。同年，由美中友好协会携手承兴国际联合主办的首届国际（中美）青少年篮球友谊赛在北京举行。

二、《足球火》启动，球迷情似火

《足球火》节目由承兴国际、秉迅体育与广东卫视联袂打造，承兴国际集团组织《足球火》展开首轮线下选拔活动进行初选（南京、上海、杭州、北京、天津、沈阳、长春、深圳、广州、乌鲁木齐）；2016 年 11 月组织《足球火》的第二轮线下选拔活动（沈阳、延吉、哈尔滨、石家庄、济南、青岛、郑州、西安、成都、重庆、北京、深圳），节目从全国选拔一批热爱足球的素人，通过深入展现一支草根球队从零开始，经过英超教练团队的全程指导，远赴英国曼彻斯特城总部训练之旅，开启全英式职业球员训练模式，得以成长蜕变成一支能和国内各大球队以及曼彻斯特城球队实战对抗的梦想球队的一段经历旅程。

民间精英球队"火之队"征战英超曼彻斯特城球队，这档别开生面的综艺节目一经出现在大众的视野，立刻引起收视高潮。出身"草莽"的足球队，经过了三个月的选拔、集训和"南征北战"，终于选出曾铖、许政、朱朝辉三名球员，他们最终获得去曼彻斯特城足球学院试训的资格，得以亲身体验全世界训练设施最现代化的城市足球学院的训练模式。曼彻斯特城特地派出了自己的青训教练乔尼·马什，在节目中全程指导及训练"火之队"的队员们。在这场比赛之前，乔尼带领球员们在曼彻斯特城学院的人工草坪上进行了两堂训练课，进行了原汁原味的英超式训练。

现代足球发源地在英国，而世界足球的发源地在中国。《足球火》节目注重中英足球文化的交流，因此在选拔、比赛阶段的选址都考虑到了足球文化的历史和传承因素。于是在"火之队"第一次迎战曼彻斯特城 U18 青年队之前，就先由曼彻斯特城足球俱乐部的主教练乔尼·马什带球员们去英国国家足球博物馆，体验了英国足球的历史与文化。现代足球的比赛规则和条例起源于英国，英国还有全世界最棒的职业联赛。足球对于英国尤其是曼彻斯特城来说特别重要，它是一种热情。

足球博物馆中还收藏有习近平总书记 2015 年赠送的中国古代蹴鞠。习近平访问英国曼彻斯特城时曾表示，足球是当今世界传播最广、参与人数最多的体育运动，英国是现代足球发源地和世界足球强国，英国足球有很多方面值得借鉴。而我国山东临淄是世界足球发源地，“古代足球”蹴鞠便诞生于此；广东梅州是中国“足球之乡”，世界五大球王之一的李惠堂就在此崛起；英国曼彻斯特城则是因足球而生的城市。三地都有着浓厚的足球历史文化氛围和优秀的足球队伍。体育交流是中、英两国人文交流的重要组成部分，希望双方加强包括足球在内的体育交流合作，提高两国人民健康水平，促进中英友好。

因此，《足球火》此次与曼彻斯特城足球俱乐部的合作，不仅是要举办一场球赛，更要把中、英两国足球文化和足球精神的交流与碰撞放大给观众看，给广大球迷提供了一个精彩十足的足球节目，而且能带动许多对足球不太了解的普通观众的兴趣和热情。

“火之队”球员在曼彻斯特城城市足球学院试训

曼彻斯特城方面对于这场比赛十分重视，俱乐部为“火之队”的到来做了充分准备，电子广告牌上打出了欢迎的标语，小球员们早早来到场上热身，三名裁判的热身也一板一眼。大屏幕上打出的《足球火》和曼彻斯特城两队的标志让人感觉到，这可能是足球历史上最特殊的一场比赛。节目正式开播后，全国观众将亲眼见证这场精彩的比赛，当然，节目组远涉重洋来到英国的初衷绝不仅仅为了这场比赛，他们更希望《足球火》如同星星之火，点燃全国观众对足球的热情。

三、效果超预期，观众热追捧

2017 年 4 月，《足球火》节目在广东卫视首播，腾讯体育、乐视体育以及全国 30 家地面平台一经播出，反响超出预想，受到国内外足球圈俱乐部及相关人士的高度评价，荣获诸多奖项。7 月，《足球火》"逐梦之夜·逆战曼城"在深圳湾体育中心"春茧"体育场举行，最终选出三名最优秀的队员前往曼彻斯特城城市足球学院试训，歌星陶喆、关喆，偶像团体 GNZ48 及 SNH48 等也现场表演助阵，效仿美国"超级碗"(Super Bowl)，打造体育与娱乐相结合的"中国碗"。

《足球火》以足球为主看点，高娱乐性与足球专业赛制相融合，做成了一档轻娱乐风格的体育节目，既坚守了足球的规则和调性，又兼顾了可看性。丰富节目的内容，吸引了众多收视人群。播出以来，最高收视率 0.228%，全国排名第 9 位；总收视人口约 1317 万人，市场份额 0.613%，全网络平台点击率超过约 8900 万次。

《足球火》第一期播出后，随即进行了多方面的推广，受到体育爱好者的热烈追捧，引起社会关注，关键词"足球火"的百度搜索数约为 1，370，000 个。

首先，包括新华社、中新社、腾讯、网易、今日头条、一点资讯、搜狐、新浪在内的 8 大新闻客户端首页轮番推广，共投放稿件约 104 篇次，总阅读量多达 2190 万次。其中新华社发布 4 篇稿件，总阅读量 190 万次。

其次，网络媒体 / 论坛上发布稿件共约 450 篇次，论坛发帖共约 1016 篇次。同时，微博平台上共有 85 个微博大号直发 / 转发，微博话题阅读量达约 1722.5 万人次，讨论量达约 50.8 万人次，微博热门话题榜最高冲至第 2 名。

再次，在微信平台上，共有 45 个微信大号直发，共发布稿件约 57 篇次，总阅读量达 88 万次；2 次微信朋友圈广告，总覆盖约 640 万人次。加上其他平台，比如天翼视讯发布短信共 12 条；秒拍推荐位共推荐 14 次。除此之外，网络微博直播宣传，直播点击率均达 20 万次，参赛球员及参与录制的明星、球星微博也配合进行直发和转发。

2017 年 6 月，世界足球大会暨展览中国 2017 在北京举行，这是全亚洲唯一的足球全产业 B2B、B2C 大会暨展览，500 多位国内外足球行业领袖、企业代表、政府与足球协会的相关领导、联盟代表、俱乐部及专业体育院校的专家等齐聚北京，在这场展览大会中《足球火》节目受到国内外足球俱乐部及相关人士的高度评价，承兴国际也因此荣获了世界足球大会暨展览授予的“年度杰出足球资本奖”。

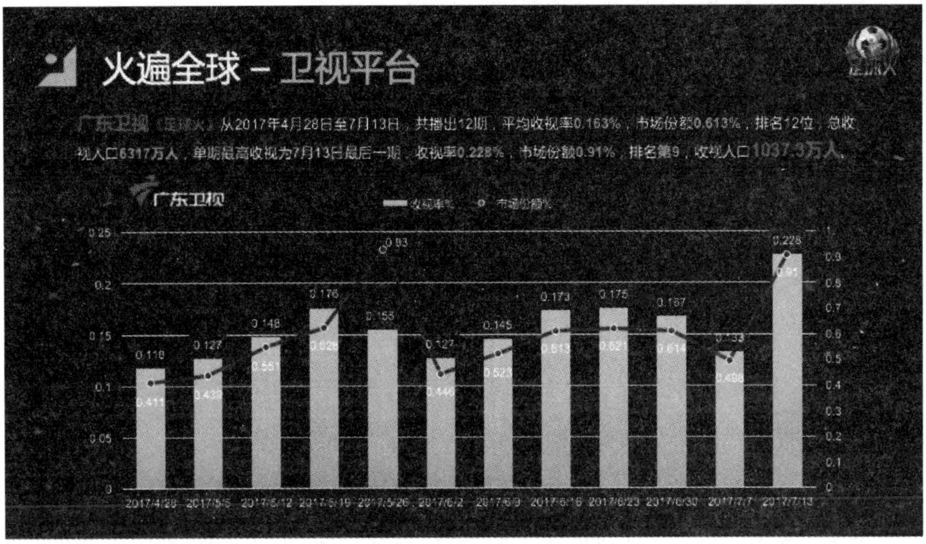

广东卫视《足球火》的收视率

同时，由这部大型原创球队养成类真人秀节目还在亚广协（北京）媒体传播技术研究院主办的2017（第五届）两岸四地广播影视与新媒体创新论坛上，荣获2016—2017年“两岸四地品牌栏目”奖项。截至目前的四届两岸四地广播电视论坛中，包括中央电视台及各省级卫视、地面频道、港澳台地区和城市广播电视台、影视制作公司参与人数超过1000多人次，业内影响力较大。承兴国际的《足球火》通过这次论坛，得到业界多方肯定，一举打开了一扇通往新发展的大门。

承兴国际以《足球火》为契机，积极与广东省足协等主管部门沟通，还赞助了第十三届全运会广东U18女足，不仅发放表彰奖金，还聘请球队出任中国妇女发展基金会——承兴关爱基金爱心大使，助力广东和中国足球事业发展。

新的第二季《足球火》节目进行全方位升级，国际球星将搭配国内娱乐明星，节目也将融入足球的各项元素进行线上线下全国招募选拔，塑造草根球员的蜕变之路。

第三节　业务转型促使品牌资产建设的转折

就像制造业企业从 OEM 做到自有品牌，承兴国际从帮助做周边促销到自营 IP，是公司品牌资产建设的重要转折。

承兴国际一开始从做品牌授权代理起家，代理业务只做别人 IP 的运营，有局限也有痛点，品牌授权期限一般是三年，之后要再度竞标，意味着一些自己运营不错的品牌要么出更高的价格要么就前功尽弃，这类业务方式并不利于公司的长期发展，也形成不了核心竞争力。代理业务的确在一段时间内为一些具体项目带来丰厚的收入，但这种模式是否具有强劲的后发力，是否能够长期持续呢？或者，品牌授权这种“轻公司”的模式，是否还有其他更独立的业务突破和更稳定的业务发展呢？

隐藏在“大牌”背后的是甘作卡通、电影人物、赛事等在中国落地的“影子推手”，承兴国际不仅承接哆啦 A 梦和变形金刚等信用卡、玩具、邮票等，还涉及这些信用卡背后积分兑换等电子商务业务的延伸和加载，除此之外，承兴也拥有自己专门的电子商城。承兴国际要保证代理授权的品牌落地、延伸、完善产业链，从一家“纽带式”的轻资产公司，转变成为有自主地盘的完整产业链公司。

同时，与它长期合作伙伴中，除了各大银行，还包括几大运营商、石油等重量级客户，这些都为它之后打造自有品牌 IP 贮备了有效的渠道推广和优质的客户资源，为迅速的决策和执行奠定好了基础。

承兴国际从承接美洲杯帆船赛和中国之队的体育赛事业务开始，就并不打算只做简单意义上的赛事运营，而是以体育赛事产品开发为主，基于赛事，包括场馆、基地训练营的开发，这是一种对传统意义上的品牌授权模式的另一种创新和延展，即品牌拥有者利用自身的品牌优势，允许被授权者更大空间地使用品牌，在一定时间和地理范围内，生产销售某类产品或提供某种服务，并向品牌拥有者支付授权费用的经营方式。

承兴国际最初的品牌运营业务只是把国际品牌吸纳到本土落地，并拓展衍生产品。从 2006 年成为 NBA 中国区合作伙伴后，针对当时国内体育时尚消费品的市场空白，专攻 NBA 包类系列的业务，一直到美洲杯帆船赛事之中国队的业务，之后，才开始经手从赞助到消费品牌授权、活动授权、训练营招募等其他领域，通过建立训练营建立岛屿全面开发项目系列，即通过一个品牌的运营达到全品牌产业链的开发。

因此，《足球火》节目坚持原创 IP 做全产业链的孵化，包括手机游戏、动画、电影、与国外足球俱乐部合作开办足球学校等在内的一系列衍生开发。从商业的角度而言，“足球火”面对的是一个数以万亿元的市场，尝试着带动整个足球界球员经济，拉动联赛各个环节产业链的铺排。

第四节　IP 与受众的关系质量体现价值所在

IP 的价值在于其与目标受众之间的关系质量，为此需要策划各种事件来建立、维系和拓展 IP 与受众之间的关系。

在原创 IP 稀缺的现在，为了更高效地开发 IP，成为一家能够支撑全版权运营、IP 孵化和开发的公司就显得尤其重要。承兴国际的公司定位是“立足 IP 培养、经营与增值的国际一流文化集团”，同时要培育的核心竞争力是“多元化的商品转化能力、销售渠道、IP 获取能力”。体育和娱乐的粉丝群体是截然不同的，虽然存在相互转化的可能，但这种转化率并不理想，因此只有将价值收割渗透至各个环节中，才能获得 IP 利益最大化，也避免了同一 IP 不同孵化途径造成的版权冲突。

承兴国际在 2015 年和 2016 年都在尝试以买断、并购、投资等各种方式掌控品牌资源，垄断 IP 资源，夯实自身竞争力。IP 资源的内容其实很丰富，品牌覆盖体育赛事、影视动漫、大消费等，这些都是公司的上游，其中承兴国际最看重的是大健康和体育产业。承兴国际建成以品牌授权为核心、辐射体育产业的“生态链”，通过与国外促销、品牌授权、主题公园等大企业对标，亦步亦趋，提升自身。

一、打造体育 IP

承兴国际成立初期，为世界 500 强企业定制促销品及促销解决方案，从那时候起，承兴国际就开始积累做品牌授权的经验。2015 年，承兴国际宣布正式进军体育产业，并公布将设立国内首个投资于体育项目的产业基金，以期推动国内体育赛事发展。

作为一家国内领先的品牌授权与运营管理机构，承兴国际在打造体育赛事 IP 的过程中，并不乏品牌跨界营销的案例。以前体育赛事主要靠门票收益，而承兴国际则采取衍生开发的方式，将主要靠赞助盈利的业务与电台节目绑定，以拓展更多的商业权益。承兴国际目前更倾向采用合作的方式，结合公司现有的品牌和渠道优势，通过收购规模小的运营公司参股，加大对体育产业的投资。为此，公司内部实现事业部制，提倡“专业的人做专业的事”，由行业资深负责人组建团队，对项目进行精准判断。

2015 年，承兴国际设立国内首个体育产业基金，并获得广东省体育局全力支持。广东省境内的大型体育赛事，通过筛选阶段，将被放入赛事项目库，推进基金投资，这对于承兴国际而言，相当于既有好的项目资源又有明确的政策指导，一举两得。2016 年，承兴国际完成对香港主板上市公司奕达国际集团的收购后，可以利用产业上下游的协同效应和资本的杠杆作用，进一步开创新的发展天地。

《足球火》节目全面启动后，迅速成为体育界的热门话题。节目邀请阿圭罗等全球一线球星，国内体育明星李毅、蒲玮，娱乐明星谢楠、徐浩等嘉宾强势加盟，每期在不同地方以不同主题进行专业训练，以足球为切入点，让电视机前的观众除了在赛场上了解国际球星赛场风姿外，还能更多地感受到运动员生活中的一面，节目中设置了大量线下互动活动，邀请观众共同参与挑战，弘扬全民运动，推广足球文化，从而帮助中国足球探索凤凰涅槃、浴火重生的励志道路，让中国足球事业真正火起来。

承兴国际集团作为节目的投资方，正是看到了中国足球无论从经济上还是文化上都有很广阔的足球前景和市场容量，因此想到用足球作为体育和娱乐相结合的项目载体来尝试打造自有品牌 IP。“火之队”与曼彻斯特城 U18 青年队的比赛，更重要的是看到中国年轻一代足球追梦人的拼搏精神、奋斗精神和团队精神，这与承兴国际的品牌形象相契合。

二、打造体育泛娱乐 IP

承兴国际在 2016 年时萌发了通过买断、并购等方式，获得品牌资源和自己的 IP 的想法。8 月，承兴国际的美国分公司一成立，马上就开始寻找合适的标的。它在收购评估中最看重的一点就是这些 IP 能否与自己现有和未来的业务产生“1+1>2”的协同效应。这是承兴国际非常敏锐的嗅觉点，即更看重 IP 拿进来以后在中国市场怎么运用，在美国市场怎么继续拓展。

承兴国际快速执行收购后就开始进行规划：将在上游进行 IP 的原创与孵化，而在下游则借助增加的产业布局和渠道进行 IP 变现。在这个规划中，收购回来的娱乐版权库将会成为公司的核心 IP 资源，但并不是唯一。承兴国际一方面计划设立创意大赛，在全国范围搜集具有中国特色的 IP，充实自己的版权库；另一方面则与网络文学、动漫等平台合作，收购符合承兴国际定位、符合本土文化，有潜力进一步开发承揽电影、动漫或游戏的 IP。承兴国际还有长远计划，包括搭建开放的 IP 资源交换平台、投资某个著名导演的工作室、往影视产业链上游衍生等。

比如，《足球火》是一部素人球队养成类节目，一只火凤凰抱着一个足球，这是《足球火》节目的标志图案，这个节目如同星星之火，点燃众多观众对足球运动的热情。

《足球火》的 Logo 设计图

节目中由文体明星组成的足球探团，前往全国各地找寻 36 位怀揣足球梦想的小将，组建一支草根球队“火之队”。足球并不是道具，这支队伍要接受英国曼彻斯特城足球俱乐部青训教头的强化训练，最终将与曼彻斯特城青年队展开一场 90 分钟的决战。其中，成绩最好的 3 名球员还将获得曼彻斯特城足球俱乐部训练资格。观众在娱乐节目中看到了赛事背后的故事，看到了职业球员的幕后生活，更体会到了足球文化中蕴含的拼搏精神。

《足球火》作为一档体育娱乐节目，既要坚守足球的规则和调性，也要带领大家了解足球文化，不能脱离这项运动本身的规则和要求，因此在足球训练和赛事的呈现上必须专业和严肃。但也要全面跟拍项目推进过程中发生的所有事情，例如要展现英式足球的训练模式和队员养成过程中面临跨文化、跨行业磨合沟通的难题，要用一套系统的制作手法来实现对球员的近身拍摄、收声和画面的优质呈现等。

承兴国际在体育泛娱乐上的这些布局，为的是建立自己的IP库，进一步通过影视、动漫孵化成知名作品巩固业务资源基础，积蓄业务发展的后续动力，在此基础上对开发衍生品进行销售，同时将这些IP形象与主题公园、主题活动相结合，形成商业闭环。

2018年6月，承兴国际与兰桂坊集团旗下兰桂坊大中华地产投资签署战略合作备忘录，双方将携手探索在中国大陆及美国地区的潜在商业机会。根据备忘录，双方将于三方面展开潜在合作，包括：一是主题公园、酒店、度假村、餐饮、商业及零售商店及主题活动的设计、运营和管理；二是关于电影、电视剧、电视节目、短视频、动漫和游戏等版权的内容创作、开发和发行；三是关于版权和周边产品的授权业务。为促进合作顺利开展，双方同意建立工作组或团队以筹备、推进并建立合资企业、合伙、咨询或服务协定以落实彼此的合作关系。

第五节　IP要有聚焦和集聚效应

聚焦就是建立在目标受众偏好基础上的差异化，集聚是指公司应该通过建设多个或成系列的IP，一方面充分利用公司的资源和能力，另一方面满足目标受众的多方面需求，并在竞争过程中形成集群优势。

目前，承兴国际控股以“IP+”为核心的泛娱乐业务模式已经趋向成熟，以IP为引领，通过内容联动、融合开发和全价值链共享打造了IP运营、跨界营销、主题公园及主题活动等在内的诸多板块，并不断突破自身在泛娱乐产业的边界。

一、体育行业 IP 综合文娱，实现价值最大化

体育行业顶端IP内容的价值最大，但是实现IP内容的商业化，不单是通过简单、直接的收购，更需要通过整个行业的不断成熟来逐步实现。这主要体现在：顶端IP是不是有足够丰富的产品和服务来承载以及体育人群消费意愿的提升和消费能力的增长是不是足以支撑IP内容的消费。在尊重体育产业本身规律的前提下，体育产业可以和文娱产业互动、配合，甚至融合。

行业集群之所以可以上升为产业，首先要实现规模经济，具体表现就是大量、有生命力的企业；其次要有完整的结构、完整的产业链条；再次要有稳定的买方需求。当下体育行业的产业特征并不明显。体育行业的公司规模偏小，产业结构非常不合理，衍生层的鞋服和装备制造占据了70%的份额。然而从另一个角度，我们也不能对于需求的高速增长视而不见，赛事数量都在成倍地增长，体育行业不会仅仅因为资本的力量、政策的利好就实现爆发，真正能够引发体育行业爆发的是需求增长。

NBA、欧洲五大联赛都是经过了几十年甚至上百年的积累，培育了无数的巨星、上演了无数的传奇才形成当今的巨大影响力，才能称为IP的。体育IP之所以有价值，主要是因为本身的粉丝黏度、持续的影响力，尤其是激发衍生消费的能力。在IP缺失、需求不断增长的前提下，承兴国际走孵化自有体育IP的战略显然是正确而长远的，但首先要对于这项运动和赛事有着深刻的认识和理解，同时IP开发的商业化能力也至关重要。

赛事是IP的载体。在全民健身、赛事供给逐渐提升的情况下，出现了更多差异化、个性化的赛事。未来赛事将继续向娱乐化、专业化、个性化、高体验度等方向发展，赛事和旅游、文化活动、娱乐活动的结合度将越来越高。娱乐化的赛事将具备嘉年华和狂欢节的元素，专业化的赛事将更懂得参赛者的需求，营造更加优质、独特的参赛体验。

二、热跑 IP“卡通亲子跑”，引领互娱新潮流

承兴国际通过《足球火》项目还衍生举办了卡通亲子跑活动，在中国刮起了一股

“亲子旋风”。这项亲子跑活动一改传统跑步的乏味枯燥，以“卡通 IP”为核心，设置了丰富有趣的环节。这个活动把多方面的资源联合在一起，整合一个全新的模式，推广自己品牌的同时还达到多方共赢，品牌泛体育跨界将是未来品牌的走向。

作为国内第一亲子嘉年华，“承兴国际·卡通亲子跑”一改传统跑步的乏味枯燥，以“卡通 IP”为核心，以健康运动为载体，结合“轻松互动 + 快乐亲子 + 惊喜豪礼”的独有模式，为广大家庭提供欢乐互动的平台，从而促进亲子关系。

此次卡通亲子跑广州站，通过引入超人气国民卡通 IP“熊出没”，以动漫迷你马拉松的形式，以亲子互动结合公益为出发点，全程大约 3 公里的路线，以轻松有趣的运动方式增加亲子互动的关系，更为家庭普及了一种年轻快乐、时尚炫目的生活方式。

现场家长表示：“基于给孩子更多陪伴的出发点，除了学校和家庭单一的亲子活动，我们也更倾向寓教于乐的体验，以及多样化的亲子场景。卡通亲子跑作为一项全家总动员的活动，现场亲子互动游戏以及各种精彩的表演令人目不暇接，家长们可通过跑步过程中的参与和趣味活动，将运动的快乐和精神传递给孩子，希望能再次参加这样欢乐有爱的活动。”

截至目前，“承兴国际·卡通亲子跑”已在北京、深圳、广州等全国一二线城市著名景区或大型体育场馆累计举办了32场共有152个企业赞助参与人数达186,200人，影响覆盖超过 8000 万人次，被誉为国内最受年轻父母欢迎的健康趣味亲子运动。

“承兴国际·卡通亲子跑”活动现场

自创办以来，“承兴国际·卡通亲子跑”一直坚持“亲子公益跑”的初心，将公益融入到亲子跑 IP 中，此次广州站亲子跑通过广州“融爱之家”邀请了 50 组“星星的孩子”家庭参与，为他们学习人际交往、提高环境适应能力提供一个轻松愉悦的平台。

同时，由承兴关爱基金捐赠支持的“妈妈制造”在广东的首个公益项目——妈妈制造广东韶关守艺红豆编织合作社，也在现场展示该公益项目的红豆手工产品。值得一提的是，“女童保护”课堂首次植入卡通亲子跑活动，通过现场课堂教学、女童保护手册派发等形式开展防性侵教育，普及儿童安全教育意识，现场吸引不少亲子家庭驻足关注。

三、聚焦打造原创 IP 核心竞争力

虽然“泛娱乐”的概念 2011 年才被提出，但承兴国际在 2006 年就已涉足泛娱乐产业，与国际知名 IP 版权方保持紧密的合作，曾成功运营过变形金刚、星球大战及魔兽世界等国际知名 IP。

2017 年收购斯坦·李创办的 POW！娱乐公司后，承兴国际控股拥有了其所有产品的知识产权，包括斯坦·李个人肖像、名义的使用权，这是集团拓展泛娱乐业务的重要里程碑。目前作为 POW！娱乐公司首席创意官，斯坦·李联合国内外创意团队继续潜心创作，保证了原创 IP 产业的正常孵化。

在优质 IP 稀缺的时代，IP 引进渠道和原创 IP 能力的优势让承兴国际在泛娱乐业务上有了更广阔的发展空间。目前，由斯坦·李创作、POW！娱乐公司授权的英剧《Stan Lee’s Lucky Man》第三季正在热播，全新办公室英雄故事《斯坦·李工作室》已登陆中国和美国，每周进行连载；2018 年 10 月，曾在洛杉矶引发动漫界轰动的斯坦·李动漫宇宙漫展也将空降上海。此外，借助 POW！娱乐公司的 IP 版权，集团也正联合全球著名影业、动漫公司，对 IP 进行开发与利用。除进行影视项目运作外，还将继续对相关 IP 授权业务以及行业市场进行开拓。

四、IP 运营赋能带动品牌升级

跨界营销是 IP 运营中的关键环节。承兴国际控股在金融品牌跨界营销领域具

备资深服务经验，并打造了许多IP与金融品牌结合的经典案例，如与建设银行合作推出变形金刚系列信用卡，并促成其植入《变形金刚4》电影中。

凭借“多资源整合”“多服务模式整合”“专业的策划执行能力”三大核心优势，集团成为国内及国际银行重要的品牌运营及市场营销服务合作伙伴，提供IP品牌授权代理、品牌权益引进、艺术设计及产品活动策划等多方面综合性市场营销服务。

在承兴国际控股的合作伙伴名单中不乏世界500强企业。近年来，VISA、MasterCard、JCB等国际发卡组织纷纷成为承兴国际控股的战略伙伴，共同利用IP推动其中国区战略。承兴国际控股也为中国银行、工商银行等10余家国内大型银行提供主题卡及IP联名卡产品策划、信用卡卡面设计、品牌权益引进、促销活动策划及艺术设计等综合性市场营销解决方案及服务。目前，承兴国际控股正在出售全资持有的电子制造业务经营实体业务，未来计划将资源配置集中在泛娱乐产业，致力于将集团打造成为核心的一流“IP+”运营商。

五、结合主题娱乐IP，推动产业深度融合

IP与实体业务的交叉融合是泛娱乐产业日趋火热时代的新增长点。承兴国际控股将IP和旗下的公园旧改项目“荷花奇境”以及主题活动相融合，创造了IP主题娱乐项目“动静结合”的模式，通过融合创意的先进性和内容的丰富性，以创新推动产业深度融合，为产业发展提供更大的增长空间。

“荷花奇境”是集生态休闲、水上娱乐、机动游戏、人文旅游、购物体验于一体的主题公园，占地约800亩，位于珠三角腹地、广佛同城的佛山市新核心区域。2017年，集团开始对旧公园进行第一期升级改造，“主题公园＋文化＋休闲＋商业”的综合运营模式，极大地拓宽了公园的目标市场和潜在消费群体。旧公园一期改造完成首年即受到市场及消费者的认同与喜爱，有效填补了旧公园文体娱乐、科技体验的空白，改变了旧公园只有观赏、缺乏游乐体验的单一格局。

在IP融合开发落地方面，日前承兴国际控股与阿里鱼达成战略合作。8月，在荷花奇境开发的国内第一个“旅行青蛙＋主题公园”的IP特展——“佛系生活研究所”正式开幕。阿里鱼汉化版游戏《旅行青蛙·中国之旅》线上也置入“佛山荷花奇境”主题公园明信片，线上线下共同打造IP商业闭环。截至2018年上半年，荷花奇境的

营收已与 2017 年全年持平，单日入园人数创历史新高，达 12，000 人次，预计全年营收将达到 300% 的增长。

第六节　案例启示

承兴国际的体育泛娱乐发展可以划分为三个阶段，每个阶段都是特定目标并达到一定的效果，形成项目发展的螺旋式上升。

第一个阶段：举办赛事。从政府、国外知名企业的手中承办赛事或者自己开发赛事 IP，可以协调各种资源，通过初步的商业化运作，先把赛事办起来。

第二个阶段：运营赛事。通过营销提升赛事知名度，通过引入专业化的办赛团队提升整个赛事的体验度，通过更高水平的商务能力挖掘赛事更大的商业价值。

第三个阶段：赛事经济。借助赛事 IP 的影响力，通过赛事以及配套的产品打通上下游的产业链条；借助赛事 IP 的影响力激发目的地消费，比如旅游、餐饮、住宿等；借助赛事 IP 的影响力实现衍生品的收入，比如游戏、鞋服、周边产品等。

从这次《足球火》节目可以看出，承兴国际的办赛能力、办赛经验在迅速提升，赛事商业化能力也在不断增强，不单有金融背景，还有很强的营销和广告基因。本身体育赛事就已经筛选出了相对精准的受众，承兴国际已经跳出单场比赛的概念，大胆发挥想象力，不断挖掘赛事的潜在商业价值。

同时，从赛事 IP 的运营理念来看，在泛娱乐市场外部驱动力强劲的环境下，承兴国际认为，只有内、外驱动力相结合才能缔造企业的持续竞争力，即要以内生驱动力深耕千亿元泛娱乐市场。特别是在国家“十三五”规划将文化强国作为建设目标，推动“文化 +”“互联网 +”发展，助力文化产业升级的大背景下，对于深耕泛娱乐产业的承兴国际控股来说，政策的开放是对其经营和探索的认同和鼓励。同时，消费升级带来广阔的泛娱乐付费市场，也意味着“泛娱乐”文化生产力的进一步解放。接下来，承兴国际泛娱乐产业布局将更加侧重“战略 + 品牌 + 经营”的内生驱动力建设，资源集中配置推动“IP+”战略，提升品牌价值和品牌号召力，且更加关注创意内核与技术创新，根据用户对题材和内容产品的喜好，充分挖掘并实现 IP 在不同娱乐形态之间价值内容的融合，进而拉动 IP 内容营销市场快速攀升。

本案例执笔人：卢杨

品牌年轻化篇

中国最佳品牌
建设案例IX

04

携程旅行网
品牌形象年轻化战略营销

随着互联网和信息技术的发展，携程旅行网（以下简称“携程”）从呼叫中心起步，逐渐从超级市场型平台向购物中心型平台，甚至混合型平台模式发展。携程网成功上市后，依赖自身业务的大而全特色获得了明显的优势，但近几年却面临激烈的行业竞争。

由于市场环境、产业格局的迅速变化，携程将拓展国内二三线城市，并将走向国际市场作为战略前景规划方向，为此需要重新考虑品牌定位，激发品牌活力，全面贯彻品牌年轻化战略。

塑造新的品牌形象，需要改变原有较为严肃的“老特性”，更需要通过品牌再定位注入新元素，以期获得新一代年轻消费群体的认同和喜爱。在大众眼里，携程一贯的品牌形象较为正式且具商务色彩，用户也以 30 岁以上的成熟消费群体占比最高。为了让品牌持续保持活力，迎接未来的消费主力群体，获得年轻人的关注和青睐，携程自 2016 年开始大刀阔斧地开启了一系列品牌形象年轻化的战略行动。到 2017 年 10 月，携程的品牌年轻化战略初显成效，博得了非商务出行用户和年轻群体对品牌的关注和追随。通过一系列焕新品牌调性的营销，携程线上和线下获客量增长平均超过 140%，其中 30 岁以下年轻用户在一年内的增长趋势尤为显著。显然，携程品牌年轻化战略获得了初步的成功。

第一节　携程品牌形象年轻化战略的外部因素

一、携程公司发展的简要回顾

携程旅行网创立于1999年，十几年来历经了不同的成长时期，每个时期都深受技术进步的影响：从互联网初期到信息技术快速发展时期，再到移动设备和移动网络盛行的新时代，每个阶段都顺应市场和时代格局，对公司战略和品牌形象做出相应的变革和调整。

1. 初创立足期

在以“机票+酒店”为主要代理产品的传统OTA (Online Travel Agent，简称OTA) 主导时期，一方面，携程在2000年并购现代运通，组建酒店呼叫中心，随即两年后，通过收购北京海岸航空进入机票代理领域，并建立机票预订服务中心；另一方面，携程通过收购传统分销商，实现网络预订服务，开辟销售渠道的多途径。携程网的成立，标志着真正意义上的在线旅游企业的出现。

2. 上市拓展期

2003年12月，携程网成功在美国纳斯达克上市，这个时期也正是国内度假旅游业逐渐兴起的时代，丰富的市场资源、大量的信息、激增的需求，使在线旅游预订渗透率快速提高。随之出现的垂直搜索引擎对在线旅游资源进行整合，旅游行业进入了细分化发展阶段。为此，携程实施横向整合资源的“一站化服务”战略，通过地面铺点派卡销售、建设全亚洲最大的呼叫中心、连续收购多家旅行社等动作，开始挖掘新需求、寻找新产品，开创业务新模式、寻求新的增长点。

3. 转型创新期

2010年开始，随着政策利好和移动新技术的出现，在线旅游业开始进入多元化发展时期，面对市场参与竞争者增多的挑战，携程开始谋求品牌转型和战略创新，以期深入采购与服务环节，打造最全的产业链，营造封闭的生态系统。

近五年来，携程的业务规模虽然不断扩大，会员逐渐增多，营业收入也保持增加，但利润却并不稳定。这说明互联网大发展虽然带动旅游市场扩大，但同时也涌入大量的效仿者和创新者来瓜分市场份额，形成新的竞争格局。因此，携程要想在激烈的竞争中保持领先地位，就需要深刻地意识到时代的新挑战，不断加快自身变革和创新，以全新形象来迎接市场的挑战。

二、移动互联时代的新挑战

1. 产业边界松动，市场竞争格局变化

随着互联网的发展，旅游电子商务这种新型商业模式逐渐流行，大数据的广泛应用则进一步推动网络、旅游和电子商务日趋结合。与此同时，习惯于互联网消费的价格敏感型用户群体在互联网上迅速聚集兴起，旅游产业真正进入了“电商时代”。消费习惯的悄然变化、居民出行方式与旅游需求的变化，促使行业新进入的模仿者和竞争者推出更多新的商业模式，例如以提供比价功能为主的垂直搜索，提供攻略建议类的社区网站以及旅游团购模式等，都在一定程度上满足了新一代旅游者的新需求，瓜分掉不少市场份额。

同时，互联网巨头也利用自身优势开始介入市场。拥有强大网络资源的门户网站，实行业务扩大战略，利用大数据分析网络流量与用户数据，凭借自身成熟的商业模式，与各代理商、航空公司、酒店等资源方相互合作，根据用户输入需求进行搜索，抓取各种航班、酒店的产品信息，以价格为导向提供同类产品的横向对比。同类竞争者通过这种方式，获取携程耕耘多年所积累的产品资源信息，迅速进入，快速运转。

此外，航空公司、酒店等也开始进行直销，直接分流了携程的用户。携程作为预订平台，与航空、酒店等产品供应商的关系随着市场环境的改变而此消彼长。酒店、航空公司等供应商为了保证利益空间，自建网站，开设微博、微信预订服务，并提供优惠折扣，采用直销模式，与携程形成“合作 + 竞争”的关系。

2. 互联网技术使市场信息进一步透明，价格大战频发

纵观目前仍处于白热化竞争阶段的在线旅游市场，同质化和低层次的竞争屡见不鲜，有的企业利用自身的资本和渠道优势大打价格战，以烧钱模式来进行市场份额的抢占。其实，从 OTA 行业成长特点来看，是通过电子商务信息化的手段来实现资源的收集和聚拢的。企业对于各类信息流有很强的汇总能力，但服务和技术创新能力并没有得到很好的提升，所以进行价格大战对提升自身竞争力的作用和效果

并不明显。

2012年夏天，电商价格大战从大家电一直蔓延到了在线旅游市场，多家企业纷纷推出各种低价策略，酒店团购市场基准价格被拉低10%。这场价格战的目标主要有二：一是对在线旅游市场重新洗牌；二是以价格优势迅速笼络大量对价格敏感的消费群体。从结果来看，价格战确实对用户在线预订产生了一定的影响，加入价格大战的携程也把一些对价格敏感而流失的消费者重新争取了回来，同时防止了固化携程只重视“高端客户”的品牌形象。

但是，携程迅速意识到“亏本冲量”的价格战只能顾及一时，尽管能在短期内带来大量的成交额，却不是形成持久竞争力的关键。价格战并没有让携程的服务形成明显的差异化，反而在一片价格混战中丧失了自身的特色和创新。跟随价格战只会让携程陷入囚徒困境，价格战使行业竞争更加残酷，因此，携程需要跳出价格战的漩涡，重新进行品牌定位，形成新的竞争优势。

3. 个性化消费时代到来，携程主动求变

在消费者的个性化需求越来越高的今天，携程逐渐意识到一贯推崇的高端差异化路线在当今的时代并不是非常明智的做法，想要在在线旅游市场继续保持领先地位，它必须变得更加灵活，面向更广泛、更年轻化的客户群。

年轻一代具有探险和好奇的精神，充满活力，未来成长空间大，市场更为广阔，因此携程无论是推出的新产品还是营销策略，都在回归企业品牌战略，在密集推出新产品和新服务的同时，宣传品牌所赋予的内涵和生活理念。品牌形象也不断从“严肃稳重”向“平易近人”过渡，营销理念从“我告诉你我很好”变成“我懂你，我们一起玩”，以年轻人乐于接受的沟通形式与消费者对话。

第二节　携程品牌年轻化战略的内部动因

携程实行品牌年轻化战略与旅游市场消费人群的构成和行为特点密不可分。携程有专门的技术中心和研发部，主要负责用户行为数据采集，根据数据的分析来进行相关产品研发设计工作。

携程利用多年业务所积累起来的用户数据、产品数据、商户数据等，定期进行分析，实现了对用户消费习惯和细分市场的深入了解和精细化运营。品牌年轻化战略正是在统计分析、预估趋势的基础上提炼出来的。携程通过找出消费规律，对领域、产品、服务以及自身品牌重新定位，随后推进产品创新和服务品质的升级，提高客户黏度。

一、顾客构成的改变

2018 年 1 月 17 日发布的《携程：2017 年国民旅游度假账单》显示："80 后、90 后成旅游主力，90 后最壕。从旅游消费总额看，80 后作为整体，2017 年在旅游上花费最多，其次是 90 后和 70 后。但人均消费最高的则是 90 后，人均旅游消费达到 3478 元，超过 80 后的 3078 元和 70 后的 3325 元。从携程旅游客户的结构看，'年轻化'也成为 2017 年的关键词。90 后、00 后在线预订国内外度假产品，有后来居上之势。"

此外，2017 年 10 月 1 日发布的《中国旅游研究院 & 携程：2017 年黄金周旅游趋势报告》也显示："出游居民年龄结构上，'年轻化'特征明显，80 后、90 后支撑旅游消费。消费能力强、体力充沛的 31—45 岁（占比 33%）、19—30 岁（27%）青壮年人群成为黄金周出游主力军，占比达到 6 成。"以上数据都表明，旅游市场的消费者越来越趋向年轻化。顾客构成的年轻化也无疑会促使携程更加关注年轻人市场，进一步贯彻品牌年轻化战略。

二、顾客行为和特点的改变

在数字化商业时代，顾客行为发生了深刻的变化，传统品牌管理的思维方式也需要随着时代的发展而做出创新和推进。伴随数字技术的发展，消费者购买需求产生后，首先会通过互联网搜索引擎，搜集相关信息，例如通过比价路线和论坛口碑，快捷地进行品牌对比和筛选，制定自己的攻略，做出选择决策。因此新一代网络消费群体最终的产品选择和下单决策更加精准和主观。

1. 年轻化顾客兴趣吸引

年轻人喜欢新鲜、有趣、与时代接轨的网络技术，微信、微博、空间部落等社交软件和 App 都是他们活跃的虚拟场所。手机端的功能越完善、越便携、越有趣，就越能得到他们的欢心，例如自助充值、消费、娱乐、服务摇一摇、照片墙都很受年轻人的喜欢。顺应年轻顾客的需求，在推出的新产品和服务中考虑到他们喜欢并习惯的方式，就能为吸引和留住顾客打好基础。

2. 年轻化顾客自我意识强

现在的年轻人生活水平较高，且 80 后、90 后多为独生子女，自我意识很强，这就需要携程改变固有的品牌形象和态度，往年轻人喜爱的方向走，在顺其心意的同时给他们满意的购物体验。

3. 年轻化顾客喜欢搜索和分享

年轻一代的消费者已经习惯在互联网上主动搜索信息，在社会网络中与他人分享自己的购买体验和使用心得。他们不再是被动的信息"接受者"角色，而是变成了主动的信息"搜索者"加 "分享者"。也正是因为乐于分享，这样的消费群体反过来也会从更有价值、更值得信任、更具有说服力的第三方信息中去获取更多、更详尽的品牌信息。在数字化时代，企业想要传播品牌，要表达它所传递的价值和特色就必须更加关注年轻一代消费者的心理和需求以及他们新的生活习惯。

消费群体的转变是时代发展的必然，商家也要不断突破自我，顺应顾客的改变而调整。因此，品牌年轻化是携程不固步自封、不被时代淘汰的自我修炼，也是应对顾客构成和顾客行为改变的必经之路。携程那些多年积累下来的忠实品牌追随者也逐渐老龄化，顾客也将随着年龄原因不断进行更替，品牌需要年轻的消费群体进行补充，需要被新一代的消费者认识、了解、信任和接受。

所以携程也需要新鲜活力来吸引和满足成长起来的年轻消费群体。每一代人在成长过程中接触的文化、娱乐、科技等都不同，这也将造成他们喜好和习惯的特有性，对产品和服务的需求也就存在差异，对品牌的要求标准也会改变。携程势必不能让品牌策略沿用一成不变的老一套。跟不上年轻一代的节奏和步伐，就意味着在新的竞争阶段被超越、抛弃。

三、品牌年轻化为携程带来的好处

1. 与时俱进，保持品牌活跃的生命力

品牌战略是一个长期的过程，年轻化是品牌战略的重要组成部分，是保持品牌活跃生命力的关键保证。品牌年轻化是针对品牌原有的消费群体老化或者新一代的消费群体爱好改变导致竞争力下降的现象而生的。一旦品牌缺乏固定频率的年轻化，就会逐渐流失新鲜活力，如果没有进行或者有效进行品牌的战略管理，无法发现品牌老化的信号，最终会导致品牌的衰老和终结。

携程作为一个以商旅客户起家的 OTA，一直对外树立的形象是专业、成熟、可信赖的商旅品牌。但消费群体已经发生变化：一方面，随着我国居民消费水平的不断提高，非商旅的需求已经超过商旅客户；另一方面，对于部分年轻的 95 后甚至 00 后用户来说，尽管携程知名度高，品质有保证、可信赖，但是“不酷不有趣”，这就导致了爱玩、个性强烈的新一代消费群体的使用频率不高、也较少有主动传播品牌的后期动力。

在数字化商业时代，企业可以更加准确地掌握消费者的网络行踪，对消费者行为形成更深刻的洞察。年轻化战略可以帮助携程更深入地了解年轻用户的旅行体验，制定更加精准的营销策略，提供更贴近市场的创新产品和服务，跟随年轻一代开拓新的旅游基地，提供更智能的路途服务，针对顾客多元化的偏好，有目的、有方向地进行精确营销，加快自身“细胞血液”的更新换代。

2. 增强品牌的口碑营销，巩固和进一步增加知名度

有研究发现，企业如果促进自身与消费者之间、消费者彼此之间对话的能力越强，品牌的知名度就越高，获得口碑的机会也就越多。互联网使信息传播突破地理、时间和递减作用的影响，把口碑变成一种快速的复制，并把用户体验以几何层级放大传播。

年轻一代的消费者更注重亲身的体验，并乐于在网络上分享攻略，这无疑是潜在的口碑营销，同时口碑营销更大的价值在于消费者对品牌的信任，消费者在比价进行选择时，更倾向于参考来自专业人士、消费者旅游体验、权威第三方机构的口碑信息，这更能增强他们对品牌的信任感。

当然，所有良好口碑都来自于消费者体验。注重“用户体验”是良好口碑的前提，

也是任何“推广”所不能替代的。携程在面对新一代的消费群体时必须更加关注他们所反映出来的需求和反馈回来的信息，以便及时调整自己的产品和服务，更贴近新兴市场和消费群体的需求。

3. 多元化需求带来旅行细分市场的探索

中国市场是一个极其庞大的市场，旅游行业因为其个性化的特点导致市场存在长尾和庞大的细分市场，每个不同的细分市场都是新的机会，比如专注做某个目的地的深度游，专门做某个主题的主题游（亲子游、周边游、游学、摄影等）。每个细分市场都有可能具备广阔的空间，同时细分领域的产品溢价也远比常规市场要高。

娱乐化细分市场就是一个新的机遇，并且已经成为一个增速巨大的市场。年轻一代消费者关注网络，对各种娱乐热点都有比较浓厚的兴趣。品牌年轻化也为携程带来了娱乐化细分市场的新的探索机会。同时，娱乐明星加持带来的高溢价和对品牌的提升作用也是携程不断推进泛娱乐营销的一大因素。

第三节　携程实施年轻化战略的有利条件

一、外部优势

1. 政策环境利好

国家为促进经济不断发展，正积极发展“一带一路”，旅游业搭乘“一带一路”快车不断扩大，正朝着积极向上的脚步前进，并且随着国民收入的不断增长，人们追求更加丰富和有质量的生活，旅游成为一种常见的休闲娱乐方式；此外，互联网使用人数、移动用户不断上升，在线旅游市场的前景一片大好。

2. 政府合作

政府在携程的发展路途中具有良好的引导作用。在携程内部主要负责与政府展开合作的部门是“目的地营销部”，该部门主要合作对象是各地旅游局和景区。携程实际的角色是充当了旅游局与游客间专业、全面、互动的智慧旅游沟通者与实现者，它凭借平台的大流量、大数据精准营销优势，为全球目的地旅游局提供可持续、可评估的一站式整合营销解决方案，其主要合作对象有成都旅游局、三亚旅游局、日本旅游局以及天目湖、黄山等景区。

3. 投资布局激活外部创新

携程也一直在为实现全球化而努力。近几年来，携程加大了在北美的深度布局，宣布战略投资美国两大地接社——海鸥旅游和纵横集团，并与二者及此前投资的途风网签署战略合作协议。至此，携程、纵横集团、海鸥旅游、途风网四方将展开正式的合作。印度两大在线旅游巨头 MakeMyTrip 与 Ibibo 结束竞争关系，携程此前投资 MakeMyTrip 的可转债将转化为普通股，约占 10%。此外，携程在俄罗斯、巴西和南非市场等“金砖国家”同样布局，全球化战略一步步稳扎稳打。

二、内部优势

1. 全面启动人才国际化、年轻化战略

携程一直在不断努力培养年轻的业务管理人员。2014 年，公司重建组织架构，让业务部门领导有更多决策权，同时不断鼓励中层管理人员在不同业务部门轮岗，这种策略的重点就是培养年轻员工，为年轻业务领导的成长创造机会。因为对于年轻的管理者来说，携程平台上的创新性和年轻化是促进其不断成长的原动力，而这些年轻的管理者也是携程实现品牌年轻化的内部“血液”。

近几年来，携程采用主动的人事战略调整，建设企业内部团队的年轻化和优秀化，推进自身在整个产业链的布局，真正做到青春常在、基业长青，这一战略调整也将携程带入了高速发展的快车道。

提携新人：携程内部在任免干部年轻化的同时谋求新的突破，大胆启用了一批年轻懂技术的高管，他们都是体系内多年培养起来的精兵强将，这些 80 后和 90 后的总监级员工数占总监级员工全体人数 1/3 以上，且在重大问题决策中，发挥了重要的作用，其中，携程最年轻的总监，也仅为 29 岁。高管年轻化已经成为集团战略，大部分事业部负责人都是 70 后和 80 后。

职工团队基因年轻化：携程是国内在线旅游行业中员工数最多的一家公司，更是行业中员工平均年龄最低的公司。携程用人思路集中在“创造力丰富、环境适应能力强”的 80 后和 90 后群体。年轻员工成为企业“主力”，80 后、90 后已占携程

全部员工的95%以上，员工的平均年龄只有26岁。在这个充满活力的群体中，因国际化业务及携程本身在海外不断进行布局的需要，相当一部分经验丰富、熟知当地市场的境外员工的平均年龄也才30岁左右。

“80后成高管，90后是骨干”：这是携程一贯执行“年轻化”策略的延续，携程认为时代会进步，新一代年轻人一定会做得更好，他们的视野更开阔，新的科学技术让他们更加超前。在这个策略下，行业中携程投资的公司无不深深烙上了“年轻化”的印记。

2. 成立创新推进委员会，加速内部创新

2012年，携程成立了创新推进委员会，作为提供产品和服务建议的智囊团，鼓励内部员工大胆创新，孵化创新项目。委员会每季度进行一次内部创新建议与项目评估，在机制、模式和业务上进行全新的实践与探索。同时，为了激发智囊团的积极创造性，携程内部配套制定详细的奖励规定，无论重大创新还是微小创意，都有相应的奖励政策。

携程又将这种创新激励制度演变为更直接的创新大赛，鼓励各部联合推出创新产品。2018年春节期间，携程推出了史上最大规模的服务创新，再次升级了服务体系。携程派上千名服务人员到一些热门的城市或机场进行线下服务工作，保障用户出行和住店；第二个服务创新是推出了“中英文双语”入住凭证，减少前台办理入住时间，达到更好的双向沟通；还有一个微创新是携程“服务管家”24小时在线为旅客提供一对一的专属服务。此外，携程旅行SOS服务、专业的导游领队，5000多名当地向导和救援服务供应商都在为旅客的行程保驾护航。

第四节　携程品牌年轻化的目标和策略

携程网能够多年来在层出不穷的同类网站中保持领跑地位，自有它的明智之处。随着市场竞争的激烈和价格大战带来的巨大挑战，携程更加认清品牌资产的价值，并开始考虑将品牌战略与商业战略联合起来，针对品牌的年轻化，进行新的思考：

一是传播定位。“携程在手，说走就走”的传播口号需要更年轻化的表达，从形式到内容都需要具象的传播。如何把一个在固定受众群中有历史、有口碑的品牌，移植到新的受众群中？如何在不偏离品牌核心的情况下进行新尝试？二是媒介选择。在当今数字营销的年代，媒介和媒体数量激增。如何选择最适合品牌的宣传渠道？在哪些媒介中可以得到最有转化率的传播效果？三是产品设计。在讲求品牌忠诚度的年代，如何不断突破创新，推出年轻人喜欢的产品和服务？如何以周边产品带动受众群的追捧？

一、携程年轻化的目标

对于一个品牌来说，解决品牌老化问题，就需要让品牌注入时代元素，面对新形势的挑战，进行品牌年轻化重塑。携程为了避免平庸老化，谋求更多年轻用户的青睐无疑是保持长期生命力和品牌年轻化的必经之路。但要进行品牌年轻化重塑，仅仅通过粗放的增加广告投放是远远不够的。广告主需要解决的是知名度下降、品牌老化的问题，品牌年轻化就是要给品牌注入新鲜、充满活力的思想和理念或者关键形象等年轻化要素，并且把这些要素深深植入目标群体的内心。

1. 产品线延伸，吸引新群体

携程作为有一定基础的知名品牌，通过产品线的延伸来发挥其品牌的最大价值，让年轻化的要素融入新的产品系列，推动产品线的优化升级，以此激发品牌活力。品牌重塑定位新的消费群体，通过产品线的延伸，从高端的商务消费群体进入到年轻的学生族或者刚踏入职场的白领阶层，把品牌向年轻人推近一步，为品牌注入年轻要素，融入新的血液和基因。

2. 改变品牌形象，进入新渠道

携程年轻化可以防止品牌固化的趋势，改变原有品牌陈旧的形象，考虑消费群体对该品牌的要求，同时推出适合他们品位的年轻化要素，让品牌顺利进入新的营销渠道，满足新渠道的消费群体的需求，从而达到品牌营销目的。

3. 引入新概念，发起主动竞争

通过将新概念注入品牌内涵之中，达到品牌年轻化的目的。在概念上注入新的想法和思维模式，给消费群体全新的印象。另外，品牌年轻化会将某些亚文化吸纳进来，成为自身品牌属性的一部分，进而增加自身的品牌价值。

二、品牌传播策略制定——年轻化内容营销的全新探索

品牌打造重塑时，要学会借助社会热点这一资源。因为，社会热点是万众聚焦的地方，品牌通过聚焦热点，对潜在能量进行释放，才能获得更多关注，即“追捧热点，借力打力，制造概念，简化传播”。在大众眼里，携程一贯的品牌形象较为严肃，成熟用户占比很高。如何让品牌持续保持活力，获得年轻用户群青睐，是携程关注的课题。

近三年来，携程联手了多个泛娱乐 IP、多部热门综艺以及电视剧的植入，表明携程在这个新用户增长时代的营销策略将以年轻化作为主导方向，通过一系列焕新品牌调性的营销，携程线上和线下的获客量都实现明显增长，获得更多非商务出行用户以及年轻群体对品牌的追随。

从泛娱乐全产业链上对用户进行深度覆盖是携程年轻化内容营销所做的全新探索。携程围绕“玩出趣”这个主题，制定了四个重要的品牌传播策略，分别是代言人策略、二次元传播策略、娱乐化媒介营销策略和新潮旅行周边策略。

1. 代言人策略

品牌焕新的第一步，就是形象代言人的挑选。2017 年，携程旅行签约著名音乐人——信，让其担任携程首席旅行规划官，同时发布《说走就走》品牌主题曲，将 Slogan 拍成 MV，加深消费者对品牌的认知。信也以其明星音乐人的姿态和属性逐步焕新携程品牌调性，加强休闲旅行的概念，从而获得更多非商务出行用户以及年轻群体对于品牌的关注和认知。《说走就走》还夺得了“金象奖”年度最佳品牌广告片奖。

据了解，2016 年，携程宣布成为“信 GentleMonster 2017 巡回演唱会”的官方出行合作伙伴，并邀请信出任携程网的首席旅行规划官，开启跨界深度合作新旅程。在此背景下，热爱旅行的信作为携程的明星员工悄然成为品牌与大众之间的另一座“桥梁”。携程希望通过全新的代言人拉近与年轻一代之间的距离，用音乐加强携程在旅行中的全方位服务和“让旅行更幸福”的品牌气质，吸引更多年轻顾客。

2. 二次元传播策略

对于年轻人喜爱的二次元板块，携程也进行了传播布局，利用二次元品牌创意，以年轻人偏好的表现手法向其传播信息。二次元的传播策略分成线上和线下两个部分，结合年轻人的特点拓展了品牌传播的覆盖面。

线上部分：二次元漫画

在 2016 年暑期，携程邀请插画师进行手绘，以年轻人喜爱的暴漫风格无厘头创意进行二次元创作。脑洞大开的手绘爱因斯坦、简单粗暴的暴漫画风等二次元创意形式的运用，是携程旅行在传播活动中面向年轻用户的针对性投放。相关的携程旅行 15 秒广告的点击率也超出携程近一年历史平均值。同时，价格低廉却保障品质的促销产品也降低了年轻用户的消费门槛，更有利于促使其产生下单行为。

线下部分：场景化营销直击学生群体

在线下，携程利用二次元创意素材，首次尝试投放校园广告，直击未来消费主力群体——高校生，提前进行品牌教育，获取年轻用户群。目前已投放全国数百家高校。

3. 娱乐化媒介营销策略

娱乐化营销也是携程旅行赋予品牌新的活力、快速且有效触及年轻用户的重要手段。携程实行品牌年轻化以来，各类迎合年轻群体且符合旅行属性的内容合作不曾间断，作为品牌和用户之间的桥梁，吸引年轻用户关注携程、使用携程，同时强化携程休闲旅行的功能理念。

携程近三年来，先后联手多个泛娱乐 IP，冠名多部热门综艺以及深度有趣的电视剧植入，进行娱乐化媒介营销。这种娱乐化营销不仅焕新了品牌，还以创意带动持续的流量增长，打造更易触达年轻用户的传播矩阵。

首先涉足的是综艺：从 2014 年开始，携程首先尝试通过综艺植入来扩大品牌影响力。通过植入热门节目，借助节目本身影响力达到传播的目的，也是目前携程泛娱乐最主要的模式，比如冠名爱奇艺的《奔跑吧兄弟》、赞助《爸爸去哪儿》《花样爷爷》《萌宝秀》等。

随后尝试分销门票：即单纯销售演唱会、演出、展览、话剧门票及国内外体育赛事等简单产品售卖模型，基础模式从零开始到现在携程已自成栏目孵化，同时在搜索上给予更多权重。

综艺植入：这种借势营销注重与节目内容的结合，携程先后合作了《火星情报局》《晓松奇谈》《吃光全宇宙》《二十四小时》等。

跨界影视剧植入：携程在电视剧《老九门》中进行创意中插；在网剧《校花贴身高手》中进行植入；成为电影《从你的全世界路过》独家旅行合作平台，和明星一起化身深夜电台主播；在电视剧《漂洋过海来看你》中进行剧情深度植入。

深挖粉丝经济：携程与当红明星合作，为粉丝提供“行程＋见面会门票＋周边产品”的一站式的追星服务，借助娱乐化营销吸引更为年轻和细分的娱乐人群。携程先与音悦台V榜盛典合作，输送外地粉丝北京追星，之后又合作了草莓音乐节，更与Music Radio联合举办“携程旅行中国Top排行榜颁奖盛典”，实现事件整体传播。

4. 新潮旅行周边策略

携程还利用了品牌传播利器——新潮旅行周边产品进行品牌年轻化信息的传递。携程在2017年推出“携程优品”频道，打造了一系列又潮又实用的旅行周边产品，并和不少明星、KOL跨界合作，发布各类明星款，有助于品牌在年轻消费群体中建立更强烈的品牌认知度及喜好度，用户可以直接使用积分或其他支付方式在平台购买旅行周边产品。例如，携程邀请“维秘天使”奚梦瑶等KOL设计行李箱、T恤，为用户提供方便之余围绕出行需要进行产品设计，在年轻用户中受到广泛欢迎。

三、提供创新的产品和服务，巩固品牌地位

携程CEO孙洁曾在采访中说：“我们的目标是，无论用户去哪里，我们都能够提供服务，包括发现最佳旅游景点、最佳价格、最佳服务。”携程实施品牌年轻化战略离不开创新的产品和服务的支撑。

1. 创新产品的开发

（1）携程美食林

2016年12月，在以“舌尖旅程，创新无界”为主题的携程旅行App7.0版本发布会上，携程宣布推出独立餐饮品牌“携程美食林”，进军旅行餐饮信息服务行业。携程联合创始人、执行董事会主席梁建章称：“携程美食林通过公正的评选机制与用户大数据相结合，在不同城市评选出专业度与好评度齐备的餐厅，令携程覆盖用户食、

住、行三大方面的需求。”

携程美食林在上榜餐厅的甄选上有非常严格的流程：以携程真实的用户数据为依托，15,000 名美食达人对餐厅进行推荐、500 名专业评委对入围餐厅进行试吃，蔡澜、黄磊、高晓松等 17 位理事会成员对餐厅进行评审，以保证每一家美食林餐厅的高质量食品和服务。携程美食林刘骁舟也表示，携程美食林作为独立的榜单，不会将广告合作等收入纳入榜单评选考量，而是更希望打造一个全面、专业的旅行餐饮信息服务平台，进而通过这个平台来满足旅客对于目的地美食的个性化需求。

在“携程美食林”的理念里，一次真正优质的旅行餐饮体验，不应该局限在食物本身的美味。良好的用餐体验也是非常重要的一环，“美食与美景、与当地人文、与历史底蕴的相互交融，才是旅行美食应有的独特体验”。

（2）“新钻级标准”和“臻品游”

在越来越多人选择自由行、定制游的今天，携程不断创新，发布了新的跟团游品牌“臻品游”。2017 年 6 月，携程旅游发布了我国首个针对中产阶层消费升级的跟团游“新钻级标准”，以及精品品牌“臻品游”。携程废除原有的“2 钻”等级，重新设立“3 钻”“4 钻”“5 钻”产品与服务标准。此举将住宿、交通、用车、购物等服务标准提升 2—5 倍，并使平台上 2 万多家旅行社、百万级产品进行升级。跟线下原来报团旅游不同，现在用户在携程网上预订度假产品，可以对号入座，根据钻级、价格等进行选择。这一钻级标准也被携程平台上的数万家旅行社采用，“跟团看钻级”成为旅游者网上预订的主要依据。

此外，2017 年 5 月，携程景酒事业部宣布正式对外发布亲子游品牌——“臻亲子”，全面发力亲子游市场。“臻亲子”将进一步完善亲子游产品服务标准，主推“酒店 + 景点”亲子套餐产品。此外，对于二孩家庭不断增加的出游需求，“臻亲子”特别上线“二孩礼遇”产品。

（3）携程签证业务

据携程签证业务负责人介绍，“从 2014 年来，携程签证在业内首创了移动端预审、手机 App 拍签证照、签证进度跟踪、出签护照物流状态跟踪、携程送签 AI、美国在线填写申请表、护照与签证有效期到期提醒等创新功能”。“一些实行电子签证的国家，甚至可以以秒为单位办签证。”携程签证业务极大地方便了出国旅游的人群，让境外游变得更轻松。

（4）旅游通票

“游游通票”是携程新推出的城市旅游通票品牌。近几年来，我国出入境游客的数量大幅增加，游客旅行的方式日渐倾向自由行。针对自由行产品的碎片化程度较高、游客长期面临规划行程耗时费力、门票费用较高等痛点，携程推出了全球当地玩乐平台，整合玩乐产品。“游游通票”是该平台上发展较快的产品之一，产品内容是将国内外热门目的地的经典景点门票打包售卖，省去游客在行前和行中做景点攻略的时间，游客可以根据自己的需要，选择不同的通票套餐，参考“游游通票”的游览路线推荐等。

2. 创新服务的推出

（1）打造一站式出行平台

携程致力于打造一站式在线旅行平台，目标是帮旅客完成顺畅的无缝衔接出行服务。随着联运产品形式的丰富，旅客的出行和购票将更为便捷。几年前，在携程上搜索火车目的地时，有20%的搜索无结果，主要原因是那些地方没有火车站，出行要靠公路客运，但是客运行业又没有联网，所以携程就有了与客运行业合作的想法，推出了汽车票线上出售业务，也就有了一站式服务的雏形。

2017年上半年，携程推出了公铁联运项目，这是携程继空巴通联运服务之后在综合运输领域方面又一次创新，也是线上资源与线下联动的积极尝试。携程的多元化联运体系已呈现出立体化、全覆盖的态势。从最早的空铁联运开始，到空巴通、公铁联运，再到“机票、火车票+租车”的模式，交通出行无缝衔接的时代已经到来。

（2）开设线下新门店，提升个性化服务

对于品牌强势、产品货架齐全、服务标准高的在线旅游公司来说，加上更多的门店渠道，无疑是最佳的组合。携程旅游数据显示，目前携程旅游门店开业数已超6500家，销售额近10亿元，在23个省（直辖市）落地超过135个一、二、三四线城市。携程旅游门店与传统旅行社的不同主要体现在品牌、差异化产品、服务、大数据等方面的优势。

携程旅游门店不仅背后有中国最大旅游集团携程的品牌支撑，而且打破传统门店产品品类单一、以中低端产品为主、客户年龄层也很单一的局限，在产品品类、丰富度、消费者售后保障服务等方面优势突出。

线下门店也推出了一站式的预订和退改服务，进一步提升用户体验。同时，通过线下门店提供更多个性化的服务。业内人士分析，随着旅游新零售模式的落地，携程在各个环节提升用户体验，门店正在重新吸引旅游者。

（3）优化“行中服务”，发展人工智能服务

在年轻人自由行旅游的时代，携程把创新的重点转到“行中服务”上来，旨在提升用户服务体验。携程在 App 上升级了“微领队”，启动“全球旅行 SOS”，上线“全球当地向导平台”，开发线下社交服务“旅途聚会”。

携程首席数据官逄伟表示：“展望 2018 年的科技与商业新趋势，人工智能将是关键词之一。新的产业革命正在颠覆一切，这一切也让旅游产业的未来充满想象。”携程一直专注于人工智能、大数据和云计算的技术开发，有 7000 多名工程师。携程在人工智能技术上也取得了新进展，并推出了深度神经网络客服机器人。这种机器人的服务量在机票售后、酒店售后客服总量的占比双双超过 70%。从用户反馈和调查问卷结果来看，用户对客服机器人的服务也是普遍满意的。

此外，携程还发布了酒店“Easy 住”战略，推出在线选房、闪住 2.0、自助入离机等多个酒店服务微创新项目。具体包含机器人酒店前台（自助前台）、VR 全景展示、在线选房、智能客控、行李寄送等七大产品服务，能将入住离店效率提升 30%。

第五节
携程品牌年轻化内容营销的经典案例及其效果

携程多年来一直致力于针对年轻人群的内容营销合作。这些内容营销更是解锁了与新生代年轻人沟通的正确方式，通过“内容 + 广告”的形式与年轻人群真正地“玩”在一起。携程集团高级副总裁孙波表示：“除了内容合作以外，未来携程将把 IP 的定义更加丰富化，重新定义旅行，助力品牌覆盖和服务更多的用户。”

一、网络《吃光全宇宙》冠名

《吃光全宇宙》作为一档旅行美食真人秀，由携程旅行冠名播出，可谓是深度协同，提升了内容营销的效果。此外，播出平台爱奇艺的品牌调性、收视人群与节目内容、亮点等都与携程旅行“说走就走”的品牌形象和新产品“美食林”高度吻合；旅行中寻找美食这一内容设定也能让携程旅行的产品和服务得到全方位的展示。

携程旅行在《吃光全宇宙》节目录制过程中积极配合，提供行走路线和美食林榜单作为参考，并利用自身强大的数据和内容体系反哺节目内容策划。除了字幕口播、品牌 Logo 露出等传统方式外，节目本身也根据携程旅行独特的品牌诉求量身定制与内容紧密结合的呈现方式，通过植入情节、露出产品、携程旅行小妙招、美食林榜单推荐等方式展示，全方位地进行了传播推广；携程旅行吉祥物“游游”也成为节目一大“萌点”，吸引观众的眼球。

此外，节目对美食的高要求还体现在《吃光全宇宙》对参与录制餐厅的筛选上，携程旅行 App、携程旅行美食林总能在节目中起到恰到好处的作用，凸显了携程旅行在精选产品和服务方面的实力。而携程美食林多家上榜餐厅成为节目中明星大咖们探访的目标，也从另一个侧面证明了美食林榜单的专业性所在，在观众心中成为携程加分项。

除了在节目拍摄上的积极配合，携程旅行也在营销宣传上进行了大量传播。例如，携程旅行 App、官方微博与节目组配合宣传，将节目中的吃货天团、饭局话题打包成一个整体，利用新奇好玩的 H5 页面，推出 1 元抢拉杆箱和旅行基金的红包活动等，让携程旅行的宣传推广与节目深度结合，吸引年轻消费者的关注，充分利用综艺营销资源加强品牌的传播。

节目热度也在一定程度上说明了品牌传播的效果，《吃光全宇宙》首播当天排网综全榜前三，微博总阅读量 22 亿，粉丝数 14 万，上线三周播放量超 1 亿。同时，节目的微博指数、百度指数、百度搜索量在播出期间都居高不下，相关微博也多次进入微博热门话题和热搜。

综合来看，携程旅行冠名《吃光全宇宙》，是在垂直类内容营销上一次不错的尝试 。携程旅行选择了与自身品牌相关度高、调性定位契合的节目进行投放，具有更高的性价比，能够更精准地触达目标受众群体，并与目标受众进行更深层次的沟通交流，而不仅仅停留在浅层的曝光、口播上，从而使品牌营销更加高效。

二、电视端《二十四小时》指定旅行产品

自《爸爸去哪儿》第一季这个现象级的亲子户外旅行节目之后，电视端户外真人秀类节目受到了各大行业和品牌的争相冠名和植入。携程旅行作为OTA的领军者，近几年来也一直在积极布局娱乐营销。在浙江卫视推出的大型原创连续剧悬念式户外真人秀节目《二十四小时》第二季中，携程旅行没有跟风争抢冠名资源，而是借助它与节目天然的契合度选择了“指定旅行产品”，注重与节目内容、情节的深度结合。节目中的六位时空水手从福建南靖到泰国、再到云南丽江及后续的旅程中，借由携程旅行App，订机票、订酒店、订路线、找美食，充分体验了携程一站式的全套服务。

携程与时俱进及时推出年轻化战略，营销理念从“我告诉你我很好”变成“我懂你，我们一起玩”，以年轻人的沟通方式与消费者对话。与《二十四小时》这种以年轻人为主力收视人群的项目合作，能吸引更加年轻化的用户，给品牌注入更年轻、更多元的旺盛生命力与价值。

在《二十四小时》节目里，携程的出现率与出现方式极为多样，每期都有一个情节通过手机打开携程App订酒店。品牌曝光的画面不再是简单的道具摆放、画面呈现，而是针对不同场合定制了一系列周边产品，如“明星同款人手一只”的CRAZY YOYO黑色拉杆箱、旅行枕头，以及店里玲珑满目的创意周边等。此外，在腾讯视频网站上，《二十四小时》节目的旁边侧边拦按钮也可以直接链接到携程的专题页面，里边有相关内容的上传与分享。

此次营销活动也取得了较好的成果。《二十四小时》同款线路互动活动，整体曝光超过1亿次；周边众筹抽奖活动上线1天即全数筹满，发放红包数量400万个；活动期间线下体验店日均人数提升140%；活动期间周边产品售卖量较之前提升2倍。

三、首次冠名狼人杀直播节目

2017年12月，携程首次与熊猫直播的王牌狼人杀综艺节目《Panda Kill》进

行合作，这是携程年轻化营销的全新尝试。基于对当前年轻人的社交属性消费需求的深刻洞察，携程发起了一场旅行和游戏的跨界合作，通过内容营销让年轻人更加了解携程，愿意和携程一起“玩”。

熊猫直播推出的真人秀节目《Panda Kill》，以当下最火的桌游“狼人杀”为主题，深受学生等年轻人群的喜爱。而观看节目的这些年轻人正是携程年轻化战略的目标人群，携程希望通过冠名节目及一系列的站内站外整合营销，与年轻人玩在一起。

携程相关负责人表示：“目前，携程在新的用户增长时代的营销将以年轻化、场景化、二三线、全球化作为方向。我们选择独家冠名该节目，开展深度内容合作，是看中了其对年轻人群的影响力，这是携程年轻化内容营销所做的全新探索，从泛娱乐全产业链对用户进行深度覆盖。”

携程冠名的《Panda Kill》第四季邀请到了12位高人气主播（包含国服狼王JY、知名炉石主播囚徒、电竞女神解说小苍、Dota传奇队长2009等）同台竞技，并且还邀请到了《中国有嘻哈》的人气歌手Bridge，可谓阵容强大。他们在年轻群体中都有较高的知名度和号召力，深受直播平台的年轻人喜欢和追捧。节目一经播出，最高同时在线人数达到了757万，首期总播放量3011万，弹幕峰值39，137条/秒，可以说是取得了非常好的成绩。

携程旅行作为《Panda Kill》第四季的独家冠名商，依靠和这款王牌IP的深度结合从而引爆了营销市场，就“天黑请闭眼，天亮就旅行”开展了一系列的线上线下整合营销。首先就是邀请到了知名炉石主播囚徒担当“携程旅行魔法师”，给线上观众带来不一样的体验，从节目、主播直播及社交媒体等维度进行全面的用户影响。然后携程旅行也针对直播平台和细分人群打造出了专属活动内容以及制作“携程旅行魔法师”囚徒版定制的趣味商业电视广告（TVC）来迎合年轻用户的喜好。

同时，节目内容也巧妙融入品牌元素，例如“携程旅行抽牌时刻”、节目弹幕口令红包、特制的打赏道具、携程吉祥物亮相的“携程专用挡枪游”、绑定主播的花式口播、定制“旅行魔法师”游戏身份等，这种互动好玩创意花字、弹幕的互动模式让年轻观众在轻松愉快的观看体验中了解到携程旅行广告的核心内容，将携程品牌巧妙融入内容营销中，化身为原生内容。广告不再站在用户的对立面，也不再以一种干扰的姿态出现，而是用“有趣”的形式展现在用户面前。

另外，携程旅行看准“狼人杀”背后的年轻人群的社交娱乐属性需求，努力将线上传播力引导到线下，通过当地向导共同发起“狼人杀”主题旅途聚会，把“狼人杀”与本地玩乐等旅行场景结合起来，引领周末旅途聚会新方式。

四、营销策略的效果

携程通过不同阶段的营销策略，目前已达到了出色的传播效果：2016 年下半至 2017 年上半年，品牌广告曝光量达百亿；2017 年最具价值中国品牌 100 强榜单中，携程旅行网位列榜单第 38 位，较 2016 年上升了 6 位；2016 年度品牌价值增长 32%，并成为唯一一家入选榜单前 50 的在线旅游服务企业。此外，与 2016 年相比，2017 年携程 30 岁以下用户占比，提升了 6%—7%，大学生用户占比也提升了 5%。

第六节　案例启示

杰克·特劳特在 1969 年首次提出商业中“定位”的概念，开启了品牌营销的“定位时代”。他指出品牌定位能够影响消费者对品牌的认知和选择，它通过将品牌名称与某些预期效益建立联系，从而驱动消费者在不同品牌中做出选择，品牌进行定位是一种塑造品牌个性的最佳手段。1984 年，他又提出了“再定位”概念，即现代的定位应当是动态、渐进式的。

在当下这个产品与品牌过剩的时代中，相互追随模仿相似产品的同质化不可避免，而消费者却越来越追求差异化的产品。在携程品牌发展的 18 年里，消费者的需求逐渐向个性化发展，自主性大大提高，竞争者层出不穷，市场原生需求逐渐放缓，这些因素都可能使携程不能适应当前变化的市场环境，而品牌再定位成为提升品牌传播的首要措施。携程品牌再定位从宏观传播视角结合消费者、竞争者、市场、行业及自身变化情况与携程生态链结合。

有效的品牌定位始于差异化，然后随着市场环境的变化，曾经的成功并不能一直为保持优势竞争力而源源不断输送动力，因此，顺应时代发展对品牌进行再定位，是品牌保持活力和竞争优势的重要手段。品牌再定位是按照新观念在消费者中重新排位，创造有利于自己的新秩序。品牌再定位是对原有初次定位的品牌印象的改变：携程原来商务高端化、严肃固化，现在携程通过年轻化战略和一系列的营销策略、通过粉丝口碑传播实现了品牌新形象、新概念、新的服务体制的宣传目的。从携程的品牌年轻化战略中，我们也得到了以下几点启示：

一、合理定义品牌年轻化，明确全新营销理念

“年轻”的概念本身就应该是包容与多元的，而年轻化不能只是品牌的一厢情愿，它应该是品牌和年轻消费者之间的共同默契，满足更加多元化的个性需求。从消费心理学的角度来讲，消费品牌也被当作一种身份象征和与外部沟通的方式，表达着“我是谁”“我想成为谁”以及“我希望别人怎样看待我”的态度。企业要全面贯彻品牌年轻化战略，首先要合理定义品牌的年轻化和形象，找到能和年轻消费者共鸣的营销理念。新一代年轻的消费者有着强烈的好奇心与探索精神，品牌的年轻化就要对年轻人的这种心态呼应得更紧密。携程的营销理念不再以说教的形式而是以年轻人的沟通方式与消费者对话，让他们的个性在品牌产品的引导下得到释放，并且认可品牌带来的愉悦感和归属感，从而形成信赖并保持忠诚。

二、针对年轻群体，选择时尚、好玩和探索型的品牌传播策略

要真正实现年轻化，品牌需要洞察年轻一代的消费者。深入了解他们的个性、兴趣、喜好和生活圈。通过大数据了解他们愿意为什么而买单、喜欢分享什么样的信息和体验。新一代的年轻人有自己强烈的个性，他们勇于探索、充满好奇心而又乐于分享。在数字化的今天，年轻人又对网络和新媒体有着浓烈的兴趣，因此携程要向他们传播品牌信息就要选择年轻人喜欢的媒介和方式，主动去适应他们，融入他们，打动他们。

用年轻化的方式去营销也是品牌年轻化中的最重要部分。在了解了年轻人的兴趣爱好和心理之后，选择他们喜欢的方式去接近他们，和他们“玩”在一起。在携程的一系列品牌传播策略中，内容营销是一大亮点，取得了非常不错的成绩。“美

食”“综艺”“游戏”“漫画”“明星”，有多少年轻人面对这些内容能够毫不心动，不产生兴趣？携程经过精心筹划，选择合适的媒介和方式，在这些年轻人最感兴趣的内容上巧妙地融入了自己的品牌。

三、品牌年轻化需要产品与服务创新的持续支撑

实现品牌年轻化仅依靠营销的年轻化是不够的，也需要有能够与之配套的创新的产品和服务。创新的产品和服务就像是品牌的基石，也是品牌策略的持续支撑。品牌在年轻化的过程中要了解消费者，洞悉他们的需求，然后不断摸索创新，推出迎合年轻人需求、品位的产品和服务。在产品和服务的不断创新上，携程就做得不错。携程不断推出满足年轻消费者偏好和需求的产品以及优质的服务。不管是个性化的旅游产品、携程美食林，还是携程行中服务以及智能化的客户服务等，都是携程年轻化战略里不可或缺的一环，这些不断创新的产品和服务是留住年轻顾客的关键性因素，也是保持品牌活力的必备条件。

携程品牌年轻化的案例向我们展示了一个老牌 OTA 企业在面对时代变化、竞争加剧、客户构成改变时，如何积极应对，保持品牌活力和持久竞争力。携程首先明确了品牌年轻化的目标，找准了品牌的发展方向，“我懂你，我们一起玩”的营销理念为后续的一系列营销活动指明了方向。接着，携程在深刻洞悉年轻消费者的个性和兴趣之后，找到了触及他们的营销方式，用年轻人的思维方式思考，和他们“玩”在一起。内容营销和娱乐化营销都是年轻人喜欢的方式，携程在这些方面下足功夫，让年轻的消费者重新认识携程，接受并喜欢携程。最后，携程的品牌年轻化战略没有仅停留在营销上，产品和服务也在不断地创新和优化，确保赢得年轻消费者的青睐，为品牌年轻化提供源源不断的动力和支撑。

本案例执笔人：卢杨、古晨妍

中国人保财险广东省分公司对接新生代，焕发新活力

中国人民财产保险股份有限公司（PICC P&C，简称“中国人保财险”）的前身是1949年10月20日成立的中国人民保险公司，是“世界500强”中国人民保险集团股份有限公司（PICC）的核心成员和标志性主业。2003年，中国人保财险在香港联合交易所有限公司主板挂牌上市，成为中国内地大型国有金融企业海外上市“第一股”，是亚洲第一大非寿险公众公司。

凭借领先技术和综合实力，中国人保财险先后成为2008年北京奥运会、2010年上海世博会、2010年广州亚运会保险合作伙伴，圆满为三大盛会保驾护航。同时，在服务经济社会发展全局和广大客户的实践中，中国人保财险在主营业务方面不断取得突破，承保领域不断拓宽，几乎涉及社会生产和人民生活的各个领域，社会稳定器的功能不断得到加强，在国内财险市场上形成了难以复制的公司核心竞争优势。

然而，中国人保财险不断改革创新的同时也让其面临因品牌名称多次变化而造成品牌印象模糊的尴尬处境。随着保险市场进入主体的不断增加，以及数据化时代中消费者消费观念的变化，促使中国人保财险要摒弃传统品牌营销的惯性思维，灵活依据外部环境的变化来重塑品牌定位，而不是简单的重复定位。在这种契机下，提出“对接新生代”这一营销策略无疑是精确且务实的，品牌年轻化不仅可以吸引更多的新一代潜在客户，更能通过年轻一代更熟悉的互动方式，通过数字化整合营销加快品牌传播的速度。

第一节　在最好的时代里奔跑

一、拥抱数字化

互联网迅速发展将我们带入数字化时代，通过人与物、物与物之间数据信息的相互联通和交换，极大提高企业工作效率，改善人们的生活，年轻一代的消费者更活跃在数据化的网络生活中。数字化时代推动着社会以全面互联和“一切即服务”的经济模式向前发展，成为全球生态系统的组成部分，也在不断地颠覆金融保险业的商业模式。

在这个最好的时代，数字媒体有效缩短消费者与品牌之间的时间和距离，品牌信息可以在更短的时间内达到广泛覆盖，在中国这一现象尤为明显。数字化已经彻底改变了品牌的传统营销方式，而具有庞大人口基数的我国正是这一变化产生影响最大的地区。

随着智能手机、宽带、社交媒体和聚合网站的兴起与普及，年轻一代的新消费群体已经将网络渗透到日常生活的方方面面，金融保险企业要想在数字化时代取得成功，需要将年轻的元素注入品牌中去，融入充满活力、快速便捷的网络社会中去。

进行品牌年轻化的整合营销显然比以往任何时候都更加重要，整合运用多种媒体并形成一个连贯的整体，可以在较短时间内迅速实现有效覆盖，从而精确捕捉到更多与年轻一代目标受众的接触点。

二、中国人保财险新姿态

中国人保财险作为民族保险业发展的见证者与亲历者，本身的国有属性就具有极强的社会责任感和使命感，这使其在发展过程中能够充分发挥国有骨干保险企业在服务经济社会发展大局中的政治优势，赢得充分肯定和广泛赞誉。服务范围遍及大江南北、城市乡镇、偏远农村，构建了城网农网共建共享、线上线下结合的立体化销售服务网络。同时，开通 365 天 24 小时全国服务专线 95518、www.epicc.com.cn 官网直销平台、4001234567 电话销售专线、移动互联平台、柜面一体化和“中国人保”App，形成强有力的服务网络，随时随地提供投保咨询、理赔查询一站式在线服务,打造智慧理赔、拇指理赔和极速理赔等高品质保险服务,可以与任何客户实现"点对点"快速对接。此外,还打造了"人保之友"客户俱乐部,为客户提供与车务和生活相关的增值服务。

良好的服务背后是强大的技术优势,一方面,拥有先进的产品研发体系,围绕服务政府职能转变、促进经济转型升级和改善民生保障等,广泛开展产品创新,不断完善产品体系,目前在用条款1万余个,满足了多样化、高品质的保险需求。在26个省(市、区)及两个计划单列市开展了卫星、无人机和地面调查相结合的"天空地"一体化的保险遥感技术应用,无人机航拍面积超过5000平方公里,卫星影像面积超过20多万平方公里,更加有针对性地提升风险管理能力。

另一方面,建立管理科学、操作规范的再保险保障体系,形成以合约分保、临时分保、险位超赔、巨灾超赔等互相补充、互相支持的风险分散及风险管理体系,通过专业团队开展各项业务,国际合作对象遍布80多个国家和地区的600多家保险公司。近两年来,积极响应国家"一带一路"倡议、"中国制造2025"等重大战略,大力发展助贷险、出口信用保险、首台(套)重大技术装备保险,创新开发中小企业保险和互联网保险产品,积极开拓海外市场,助力产业结构升级和中国企业"走出去"战略规划。

中国人保财险以诚信、责任、专业、价值塑造了享誉国内外的优势品牌,在车辆保险、三农保险、巨灾保险、大病保险、责任保险、普惠金融和扶贫支农等主营业务方面不断取得突破,承保领域不断拓宽,涉及社会生产和人民生活的各个领域,在国内财险市场上形成了独特、具有鲜明特色的核心竞争优势,成为2016年G20杭州峰会、2017年"一带一路"国际合作高峰论坛等保险合作伙伴,目前公司财务实力评级为"A1级",荣获"中国社会责任杰出企业""最佳上市公司"等多项荣誉。

三、激烈竞争中的思考

保险行业已进入商业化转型阶段,市场内各大保险品牌纷纷采取整合营销手段,争夺市场和客户,竞争激烈;伴随着经纪人和代理人等市场主体的增加,加剧了保险市场主体间的竞争程度。

中国人保财险作为已有60多年历史的保险品牌,在保险业的发展过程中一直处于领导地位，但经过长期市场运作，消费主群体已经发生变化，消费主力由原来的 60 后、70 后逐渐转移到了 80 后、90 后，品牌印记老化的中国人保财险如何能够与新生代主力消费群体沟通，从而抓住市场机遇，是其面临的最大挑战。

此外，新兴电话营销、网络营销打破了原有渠道优势。陈旧的销售渠道只能满足一部分消费者的需求，但是新型渠道的出现，可以满足社会各级层次的消费需求，对传统渠道产生了巨大的冲击。如今，同类竞争者大规模整合营销动作，使得人保品牌市场压力加大。如何顺应行业发展趋势，增强品牌竞争力，这是一个迫在眉睫的课题。

综上所述，市场瞬息万变、消费群体不断更替、传播科技不断更新，品牌战略亟须提升完善，品牌建设系统亟待加强。中国人保财险在选择品牌细分市场时，要避免定位失误而损害品牌形象，只有正确精准的定位才能在消费者心中形成鲜明的品牌形象。同时，人保品牌需要不断升级，品牌需要实施年轻化战略来应对和突破自己的发展界限。通过多元化资源进行优化组合，从而形成强而有力的营销传播力量，建立人保品牌在新生代消费者群体里的大品牌形象，焕发品牌新活力。

第二节 “对接新生代，焕发新活力”的传播策略

中国人保财险在这个最好时代迈出了坚定而正确的步伐，推进了“对接新生代，焕发新活力”品牌年轻化整合营销传播项目，采用综合全面的方法，整合渠道资源，拥抱“全渠道”的新时代，让年轻一代新消费群体主动参与到线上和线下渠道的无缝对接新式体验。

这个项目的特点不仅是简单地将线下活动与线上活动对齐，更重要的是利用数字化工具，将品牌营销进行创新式地运用：首先在数字化内进行整合，将数字化措施与传统营销进行整合（直接营销、促销和线下媒体），保证完整无误地传达品牌信息；然后品牌通过数字化营销的方式获得更广阔的视角、了解营销活动产生的相

应影响，超越短期营销成果的局限性，着眼于赢得广大消费者的宏观大局，让营销将品牌与消费者更为紧密地结合起来。

一、品牌对接新生代的优势

1. 品牌认可度高，影响力大

首先，中国人保财险不仅受众广、市场规模大，还与投保人之间建立了长期有效的合作关系，市场反应能力快，能满足顾客对于新产品及服务的各种需求，在国内和国际市场都享有很高的市场荣誉和名望，极具品牌影响力。

第二，随着科技的发展，中国人保财险已有意识地将新媒体的运用与品牌传播、客户服务、业务推动进行有效整合，能充分利用社会化媒体打造全新品牌关系，在品牌形象建立与媒介接触点设置上更紧密地与消费者对接。

第三，中国人保财险重视开展公益活动，参与的理念与方式不断创新，不仅增加了社会责任感，反过来极大提高了品牌知名度与影响力。

第四，中国人保财险品牌善于跟进社会热点，随着具有正能量的事件进行营销“借势”与“造势”，事件营销从参与到渗透，影响力倍增，不断从重大、积极的社会事件中寻找品牌发展的机会。

2. 年轻一代保险意识的加强

第一，现代社会节奏快，工作强度增加，年轻一代更理性、更早熟、更能从实际出发，同时，随着经济持续快速发展，人们越来越强烈的安全需求，特别是年轻一代更有自我保护的意识，使得保险越来越深入到人们的日常生活中。

第二，信息技术的发展大大推动了数理统计和精算的发展，增加了保险经营的技术力量，不仅更能防范风险，同时也把保险的优质产品和服务迅速推广，让年轻一代更加了解保险的政策利好和意义所在。

二、焕发新活力的支持

1. 复合型人才的保证

建立复合式人力资源管理模式，持续提升组织能力，不断深化核保核赔师、精算师制度建设。实施“千人工程”“晨曦计划”等人才招聘计划，推进销售队伍人力资源改革，优化升级教育培训体系，这都造就了一大批具有丰富经验的管理人才和遍及财产险各核心业务领域的专业技术人才，打造了一支能够在保险各环节为客户提供高品质和多样化的保险服务、了解国情、经验丰富的高素质销售队伍。

2. 专业领域的拓展

积极参与社会风险管理和社会保障体系建设，不断创新保险机制，服务社会管理；充分发挥专业技术和服务优势，利用保险市场化的风险转移机制、社会互助与管理机制，保障经济发展，促进社会和谐，履行社会责任。

重点推进生态环境、食品安全、安全生产、医疗卫生、校园安全、养老服务等与公众利益关系密切的责任保险，大力发展与人民群众生活息息相关的"三农"保险和大病保险等，参与多层次医疗保障体系建设。积极响应国家扶持"三农"政策，发挥保险支农、惠农、强农、富农的主渠道作用，为新型农村经营主体、小微企业和农户等提供支农、支小融资等综合金融服务。

3. 正能量的积极驱动

积极投身社会公益事业，扶危济困，奉献爱心，树立国有企业"讲责任、重担当"的良好社会形象。探索"金融扶贫、保险先行"的模式，全力助推保险脱贫攻坚，持续深化定点扶贫、对口援疆工作，以保险机制支持贫困边疆地区脱贫致富；开展内容丰富、形式多样的慈善公益类活动，积极传递保险正能量。

三、整体项目策划

1. 目的和宗旨

"对接新生代，焕发新活力"的整合营销传播运动，由中国人保财险广东省分公司联合目前我国最具规模、媒体资源最丰富、服务网络最广的整合营销传播集团，在广东省地区实施了品牌年轻化战略，成为集团品牌重塑和年轻化战略推广的先行者。

这个项目旨在通过整合营销手段，全面强化中国人保财险品牌，以创新传播方式和创新传播内容实现品牌形象建设和产品的推广，借此提升品牌的社会影响力和美誉度。以品牌宣传助力业务发展，积极与新生代消费主力军进行品牌、产品沟通，构建消费者对品牌的认知和体验。

主要通过三个方面：一是对话，用年轻群体偏好的话题内容、时事热点，与80后、

90后进行沟通对话，赢得年轻消费者群体的兴趣和关注；二是对位，通过运用多种媒体与80后、90后进行频道匹配，推进中国人保财险广东省分公司品牌及车险产品，传达品牌年轻活力的形象；三是对比，与自身、竞品进行数据分析对比，结合产品的销售业务情况，不断修正整合营销策略，以此提升销量，为进一步拓展市场打下坚实的基础。

2. 对接方式和内容

对接年轻人的热点话题。新生代群体对节庆热点和话题较为敏感，项目通过微信和微博等互联网新媒体运营，深耕日常，紧贴热点，用年轻化和符合潮流的语言、图片等素材，全方位传递人保品牌年轻、活力、与时俱进的形象，与用户进行深层次互动 。比如，官方微博关于“冬至你吃饺子还是吃汤圆”的话题投票活动、春节期间的“2017 叽萌行动派”和“万事大鸡”话题推广等借势营销都获得了不少年轻粉丝们喜爱。此外，该项目还联动各行业蓝 V 进行跨界合作、与广东本地 KOL 进行互动转发，连续创造了多个超级话题。根据统计数据，中国人保财险官方微博在 2015 年 8 月粉丝数仅有 4016 个，但开始实施对接新生代战略后，2016 年年底粉丝数增至 19 万，2017 年年底再次翻两倍增至 56.3 万。在 2017 年 6 月 24 日更以 842 的 BCI 指数（Micro-blog Communication Index，微博传播指数）力压竞品拿下微博传播力周榜榜首。

对接年轻群体的家庭焦点。孩子是 80 后、90 后爸爸妈妈们和人保共同关注的焦点。中国人保财险广东省分公司通过在广东省多个地市举行“中国人保宝贝童行——儿童安全教育主题活动”，不仅提高了小学生自我保护、应急、自救等基本安全技能，还拉近了品牌与家庭间的情感距离，有效建立“实力、担当、关爱”的品牌形象，提升品牌好感度和美誉度。

对接年轻人的创业梦想。作为身处创业大省（广东省）、与创业者们拥有同样活力与激情的保险品牌，中国人保财险洞察年轻群体对创业的热情和需求，响应国家“大众创业，万众创新”的号召，与全国市场占有率排名第 13 位的广东卫视强强联合举办了《创投 +》实战型真人秀经济节目。通过该档节目，不仅能够展现创业者的激情和明星项目的创业过程，更展示了人保品牌的创新能力和蓬勃生机。

对接年轻群体的体育爱好。近年来，体育赛事直播深受年轻群体的青睐，中国人保财险广东省分公司与广东体育频道合作，对 NBA（National Basketball

Association，美国职业篮球联赛）、CBA（China Basketball Association，中国男子篮球职业联赛）、西班牙足球甲级联赛等具有全国性及国际性影响的优质赛事进行直播节目的合作，在满足年轻受众体育爱好的同时，有效提升品牌影响力，展现品牌的活力和激情。

对接年轻群体的生活场景。中国人保财险广东省分公司根据自身主推的车险产品，结合年轻受众生活丰富化，媒介接触碎片化、多元化的特点，在目标人群上下班出行、驾车娱乐、等电梯等生活场景进行拦截，提高品牌形象传达效率。比如，针对驾车娱乐场景，中国人保财险广东省分公司用年轻化、口语化、娱乐化的语言进行连续广播剧创作，并投放省台及20个分公司所在地市电台，有效拉近品牌与年轻群体的距离，提升品牌好感度。又如，针对上下班出行等场景，中国人保财险广东省分公司进行了水墨风、卡通风等不同风格的海报创作，投放分众楼宇电梯广告、机场值机岛看板广告、高速服务区、广东地区市区商圈户外广告牌等户外广告，直接、正面围捕消费者的生活场景，通过生活轨迹媒介触点和碎片时间，高频次接触目标人群，巩固和加深了品牌在目标群体中的形象和地位。

对接年轻群体的触网特质。根据年轻群体的触网特质，中国人保财险广东省分公司进行了多种互联网触点围捕，包括：一是采用大数据精准投放技术，充分运用积累的数据资产，追随目标受众的网络行为轨迹，在汽车类垂直媒体、新浪广东权威媒体、微信朋友圈进行品牌曝光，直面受众；二是在春节期间，在高流量的今日头条App和高铁Wi-Fi进行高覆盖高强度曝光收获新一批粉丝的喜爱以及宝贵数据，不断优化和推进品牌年轻化整合营销，提高投放效果。

第三节
品牌年轻化整合营销传播行动之一：社区互动

一、选择新浪微博社区互动的理由

新浪微博是全中国最主流、最具人气、当前最火爆的微博产品，现今已成为话题传播第一平台。截至 2016 年 8 月，新浪微博全球累计注册账户数 6 亿，活跃用户 2.82 亿，日均活跃用户 1.26 亿。2015—2016 年更是微博的回归期，各种爆点事件在微博层出不穷，视频网红爆发，网红 3.0 全面进入品牌时代，同时也成为至关重要的社会舆论场。

随着新浪微博的二次崛起，行业和竞争对手加速企业在微博平台的账号运营，借此拉近与用户距离，深层次与用户进行沟通交流，传播品牌形象及产品特征，树立了一定的影响力。

品牌形象老化的中国人保财险面对市场竞争，为了占领新的消费人群，扩大品牌影响力，提升品牌形象，努力寻求突破之路，加大了对社会化媒体的传播力度，全面强化品牌在互联网上的多媒体曝光，并进行创新传播策略的新营销推广。

二、社区互动整体项目策划

中国人保财险广东省分公司在新浪微博企业官方微博运营上，旨在以创新的传播方式，关注年轻用户聚焦的领域，以年轻化的网络用语与用户进行深层次互动，全方位传递人保财险年轻、活力、与时俱进的形象。

比如，深耕日常，开辟“人保课题”“人保实力派”“小保夜聊”等日常栏目，提高产品曝光率，深层次与用户进行互动；紧贴热点，无论是节假日热点还是网络大型事件，都及时跟进，借势营销；品牌跨界，与各行业蓝 V 微博跨界合作，扩大品牌影响力，吸引新用户；企业定制，关注年轻用户的兴趣领域，制作企业定制周边，提升品牌形象；创新方式，制作创意 H5、手绘 / 动画视频、手绘 gif 图等多种传播形式，以达到最佳传播效果；矩阵资源，新浪广东微博矩阵、广东本地大号配合转发传播。

三、项目执行亮点

1. 冬至借势营销项目

掀起新一轮南北风俗 PK：冬至活动期间，中国人保财险广东省分公司官微 @人保财险广东进行了为期一周的预热投票活动——“冬至你吃饺子还是吃汤圆”，有 99 位网友进行了票选并表示了对本次活动的期待；同期进行的限时抢活动，以

5 个保温杯为奖品，在官微活泼俏皮、紧跟时事热点的专业运营推广下吸引 6072 位网友参与，反响热烈。

微信 H5 游戏创下 PV 新高：《暖冬食汤圆》游戏不仅紧密结合广东地区冬至吃汤圆的特色习俗，还巧妙植入 PICC 品牌，开创了国企品牌年轻化的宣传形式。卖起萌的人保，显然获得了年轻网友们的大力支持，上线 2 天 PV（page view，页面浏览量）高达 48，136 人次；UV(unique visitor，网站独立访客)，达到 15,221 人次，创下该公司社会化媒体品牌推广的数据新高。

本次系列活动更获得 @ 新浪广东、@ 新浪广东美食、@ 鲜城广州、@ 广州有着数这四个微博大号的转发，以及微信公众号“广州最潮人”“广州热跑团”“就爱广东”的推广宣传。中国人保财险广东省分公司官方微博 @ 人保财险广东作为游戏主阵地，预计将获得 1 万的粉丝增长及超过 25 万的话题曝光。

2. 春节借势营销项目

春节借势有奖活动参与人数创新高：针对 2017 年新年来临之际策划的“2017 叽萌行动派”整合营销活动，中国人保财险广东省分公司生产了 388 只“人保 + 新浪”的鸡年限量版定制公仔，进行了一次转发抽奖活动——“转发送人保 + 新浪的鸡年限量公仔，2017 争做行动派”，参与活动有 4369 人。

创新传播方式：与广州地铁指定漫画工作室 @ 一波人漫画工合作创作了 10 幅人保定制漫画，并且设计制作了 26 秒原创拜年动画 flash，总播放量达 42.83 万，转发 209，评论 138。

3. 集结蓝 V

成立蓝 V 搞事小分队（参与活动有 400 多人）

恰逢地球一小时：微博联合 @ 海尔家电等数十家蓝 V 展开“地球一小时，蓝色 we 来”活动，呼吁网友加强环保观念，并送出 50 只人保定制玩偶“叽萌小保”。此次活动主话题的阅读总量达 196.6 万次，并激发网友共高达 1.9 万次的热烈讨论，增强了@ 人保财险广东官微在微博上的影响力，彰显了人保的环保决心和社会责任感。

环保实力派：微博联合 @ 惠普、@ 小迷糊、@ 本草堂等 29 家蓝 V 展开 4·22 世界地球日“环保实力派”活动，并搭配原创手绘视频和 H5 互动游戏等多种形式呼吁网友加强环保观念。此次活动主话题的阅读总量达 489.8 万，并激发网友共高达 1.1 万的热烈讨论。

4. 尝试跨界营销：分别与 @ 众泰汽车和 @ 豹米车载净化器展开合作，上线两个微博抽奖活动。参与人数均突破 2000 人，这是 @ 人保财险广东在跨界营销领域的又一次成功尝试。

社区互动也取得了非常不错的效果，比如日常栏目影响力日益增强，"人保课堂"话题量阅读数高达 266 万次，此外，"人保实力派" 话题量阅读量为 155 万次"，"小保夜聊" 话题量阅读量为 22.2 万次。账号影响力第一，拿下微博传播力周榜榜首；粉丝数激增，@ 人保财险广东官方微博粉丝量由 0 上升至 43 万。同时，还引发了多个超级话题，其中："保贝童行" 话题当天冲上微博热搜榜第三名，话题阅读量高达 1286.3 万次；"环保实力派" 的阅读总量达 489.8 万次；"2017 叽萌行动派" 话题阅读量高达 302.4 万次；"熊孩子来袭靠我挡" 的阅读总量达 245 万次；"地球一小时，蓝色 we 来" 活动，曝光量达 196.6 万次。本次品牌营销宣传活动的传播效果十分显著，"2017 叽萌行动派" 主话题和 "万事大鸡" 副话题，在进行上述活动及春节内容传播后，及时跟进，进一步互动，"2017 叽萌行动派" 话题阅读量高达 302.4 万次，讨论量 4847 次，创下近期话题讨论量新高，为官微增粉 5.2 万人。

第四节
品牌年轻化整合营销传播行动之二：数字化营销

从 2016 年 1 月到 2017 年 2 月，在广东省（除广州、深圳外），以珠三角地区城市为主，其他城市区域为辅的投放区域规划了 "数字化营销" 的动作，为的是达到两个推广目标：一是为了最大化影响人保车险消费人群，提升车险品牌的忠诚度和美誉度，传播产品价值，促进销售；二是积极与新生代消费主力军进行品牌、产品沟通，构建消费者对品牌的认知和体验。

面对市场竞争，为了占领新的消费人群，扩大品牌影响力，人保努力寻求突破之路，加大了互联网传播力度，全面强化品牌在互联网上的多媒体曝光，并进行创新传播策略的数字营销推广。

一、采用数字化营销策略的考虑

1. 行业和竞争对手加速互联网传播布局

由于互联网新媒体强势崛起，数字营销已然成为广告营销传播新趋势，竞品也在不断入驻互联网并形成了一定的规模，中国人保财险也顺应行业发展趋势，从2014 年正式吹响互联网传播的第一声号角，跻身大数据营销阵营，开始建立人保品牌及人保车险在互联网中的大品牌形象。

2. 顺应时代和互联网的发展

中国人保财险经过两年的互联网新媒体的运营巩固，为了升级品牌形象，扩大品牌影响力，2016 年中国人保财险广东省分公司决定对人保品牌和产品进行全面的强化推广，开始进行多媒体的联动传播，针对人保车险品牌的形象推广及产品销售淡旺季的投放策略，在不同的阶段通过对匹配人保的优质资源进行最优的投放组合，形成强而有力的数字营销力量，最大限度地配合品牌和产品的推广宣传，从而最大化影响公司消费人群，提升人保车险品牌的忠诚度和美誉度，传播产品利益，在促进销售的同时焕发品牌新的活力。

二、数字化营销整体项目策划

2016 年中国人保财险广东省分公司互联网新媒体传播，主打品牌形象升级，深度影响年轻消费人群，重点针对 80 后、90 后年轻群体，以年轻化的方式与其沟通互动；针对 60 后、70 后的传统受众进行正统形象的传播，从而最大化影响公司车险消费人群。

精准锁定目标消费者：精准大数据投放，根据积累两年的人群数据分析，直达各年龄段目标消费者，实现高效曝光。

创新多样媒体组合：对接目标消费者搭建集权威导向、场景精准营销、社交互动、广度覆盖于一体的立体传播矩阵；权威新闻媒体与 60 后、70 后的传统受众深度对接；聚焦 80 后、90 后活跃的场景类、社交类媒体，对接年轻目标消费者。

创意内容引导年轻消费者：针对 80 后、90 后年轻群体，以创意内容吸引其关注参与。互动创意互动视频 H5，影视剧大神与人保“多快好省”车险卖点的完美结合；H5 互动小游戏，以卡通形象吸引年轻消费者参与互动；趣味软文，将产品卖点和文章内容完美结合，软性引导消费者。

三、数字化营销的执行亮点

1. 创新传播类

大数据精准投放直达目标受众：有策略地运用大数据进行精准投放，充分运用积累数据资产，追随目标受众网络行为轨迹，PC 端、移动端均实现高效曝光。包括了三个策略：第一，定向投放策略。投放搜索定向、访问定向、电商数据定向、App 定向、LBS 地理位置定向，五大定向投放措施，精准锁定目标受众，提高有效曝光；第二，优化投放策略。通过人群标签优化、媒体优化、时段优化、物料优化等多维度实时优化，通过技术算法手段提高投入产出比；第三，分阶段投放策略。大数据投放分为两个阶段，第一阶段加大投放量助力 PICC 企业年底业绩冲刺，提升车险电销渠道的呼入量；第二阶段为优化和推进阶段，基于最新的人群和标签，不断优化和推进，提高投放效果。

汽车销售旺季垂直媒体直达目标受众：通过汽车类垂直媒体，瞄准精准受众群体，实现对有车一族、买车人群的精准覆盖，促进人保车险销售。选择中国专业二手车零售服务平台优信二手车和最大的汽车网络导购平台易车，其拥有的海量汽车用户与 PICC 车险用户相契合。

新闻类权威媒体塑造形象：选择广东本地最大的生活服务及资讯门户平台“新浪广东”和最具影响力的综合资讯 App 今日头条，借助地方性新闻门户、资讯类 App 强有力推广窗口，实现品牌强势曝光，塑造品牌形象，提升品牌知名度。其精准的区域性投放在节省投放成本的同时更助力 PICC 品牌塑造。

微信朋友圈广告社交传播促进互动：微信朋友圈通过选择用户标签来匹配目标用户，实现精准投放，其正强关系的特征更有利于 PICC 在人群中的口碑传播。朋友圈广告投放回报率高，互动性较好，通过创意形式提高品牌关注度和互动性。

“嗨嗨 Wi-Fi”抢占高铁站春运超强人流量：中国人保财险广东省分公司抓住 2017 年春运大节点，抢占重要客流集散地，在东莞、佛山、珠海等多个大站投放“嗨嗨 Wi-Fi”广告，聚焦井喷客流实现广覆盖，形成品牌与消费者的一次强有力的沟通与互动。

2. 创意内容类

H5 创意视频趣味传达品牌精神，影响年轻受众，巧妙借势影视剧中家喻户晓的各路大神的影响力，结合 PICC“多快好省”的车险卖点制成趣味 H5，强势吸睛。“PICC，划得来”H5 小游戏实现与年轻群体的深度互动与目标受众深度互动，提升受众黏度，PICC 车险保单作为游戏道具植入，有效传递产品功能，加深产品记忆，并以 iPhone 苹果手机、小米手机和电源等日常数码产品为奖励刺激参与。

趣味软文潜移默化引导全目标消费群体，本次微信传播共选择广东本地公众平台及契合活动特性的娱乐类 KOL 账号 38 个，新闻公关软文主要选择各大门户网站及汽车垂直网站进行文章发布，微信图文合计发布 38 篇次，新闻公关软文合计发布 100 篇次，将产品卖点和文章内容完美结合，软性引导消费者。

四、数字化营销的效果

大数据投放 PC、移动端累计曝光量近 4.2 亿次，累计点击量近 420 万次；垂直媒体累计曝光超过 1890 万次，累计点击量超过 70 万次；新闻类媒体，累计曝光超过 4589 万次，累计点击量超过 66 万次；朋友圈广告累计曝光超过 1189 万次，3.6 万人参与互动达 4.5 万次，总点击互动率占比 0.76%，用户主动分享朋友圈为人保带来 2.1 万次额外曝光，点赞 1954 次为中国人保财险广东省分公司官方微信公众号新增粉丝 1009 人；H5 互动小游戏活动参与人数总计 170 万人次，平均停留时长 1 分 33 秒；微信总阅读量达 150 万+，比预估值（30,000 次）高 500%，新闻软文频道 / 首页推荐次数比预估值（10 次）高 70%。

项目整体实际效果远超预估值，实现了超强品牌曝光、深度互动，帮助“人保车险”提升产品知名度的同时，也深度传播了产品功能利益点，间接带动产品旺季销售。

第五节　品牌年轻化整合营销传播获得的成功

中国人保财险广东省分公司品牌年轻化整合营销传播项目整体效果远超预估值，实现了品牌自身升级以及与年轻群体的顺利对接，全方位提升品牌影响力，深度传播产品利益点，提高了受众对品牌和产品的关注度，促进品牌业务提升。

一、公司品牌升级

中国人保财险广东省分公司聘请广东省广告集团股份有限公司作为专业品牌顾问，制定了品牌年轻化整合营销传播战略，促进公司人保品牌建设专业化。品牌管理科学化、广告宣传高效化，有效助推人保品牌在广东区域内的宣传。

二、品牌有效曝光远超估值

通过以丰富、年轻化内容多维度对接年轻受众，中国人保财险品牌在 PC、移动端曝光量累计近 4.2 亿次，包括垂直类媒体 1890 万次、微博 445 万次、朋友圈广告 1189 万次。中国人保公司更是获得了今日头条 2016 年度“最受用户欢迎品牌”殊荣。

三、品牌官微影响力第一，品牌关注度提升

@人保财险官方微博粉丝量由 0 上升至 43 万，连续创造多个超级话题。根据百度指数统计，人保品牌的用户、媒体关注度与 2015 年相比，2016 年提高了 15%；知名度在广东地区总体提升 6%；产品购买率提高了 3.5%，预购率提高了 1.51%。

四、品牌有效带动业务增长

对比 2015 年，经过年轻化品牌升级的中国人保财险广东省分公司 2016 保费收入（不含广州）达 188 亿元，增速 13%，占市场份额 35.6%，稳居广东财险行业第一。目前，公司共有客户 300 万个。此外，中国人保财险品牌更是在 2016 年美国《财富》杂志世界 500 强榜单中，从 2015 年第 174 为跃升至第 119 位。

五、品牌创新助推企业创新模式

通过品牌创新驱动呈现一个“新人保”，助推人保通过科技创新、服务创新、商业模式创新和管理创新转型。未来，人保将赋能资源的平台化共享，通过建设前端统一的客户触面平台、中端统一的运营共享平台、后端统一的数据集成平台，实现资源整合共享、灵活调配。

赋能业务流程的智能化升级，加快人工智能、大数据、云计算等技术在保险全流程、多领域的智能应用，应用物（车）联网技术、可穿戴设备打造智慧数据产品与客户风险解决方案，探索区块链、无人驾驶、生命科学等前沿技术应用。

在商业模式创新方面，人保将布局消费生活、车主、健康养老、“三农”四大生态圈。未来人保还计划将加大科技领域的投入，探索更多创新服务，为行业持续健康发展提供解决方案。

第六节　案例启示

保险是金融服务行业较一般的商品服务属性的业务，服务贯穿整个业务过程。在中国加入世界贸易组织（WTO）以后，保险企业的经营方式由传统型向服务型转变，服务竞争也成为主战场，而保险企业的品牌也呈现出服务型企业品牌的特点——注重信誉，以客户为主，提高服务附加值，进行服务创新。要想打造本土保险企业的服务型品牌，提升保险企业的品牌竞争力，必须注重视品牌的重新定位和及时升级。

中国人保财险广东省分公司品牌年轻化整合营销传播：一是对品牌进行重新定位，全方位对接新生代，加强社区互动，融入媒体新时代，注入新生活 DNA，重新焕发崭新活力；二是在品牌重新定位的基础上，进行数字化的整合营销。

一、顺应时代，整合营销

随着时代的发展，市场竞争环境愈发激烈，在品牌选择越来越多的情况下，如果品牌信息不能进入消费者的心智，就不会被选择。人保正是顺应了这个时代：一方面,提升服务,擦亮品牌,增强保险企业的服务能力,完善服务手段，提高服务水平，扩大服务内涵，以此作为提升企业整体品牌竞争力的有力杠杆，释放服务品牌的张力，用切实的服务内容推动品牌前进；另一方面，迅速学习互联网时代营销的本质，努力挖掘客户的需求，重新考虑品牌的定位。

借力新媒体，融入年轻市场，按照互联网迭代思维，不断地制造话题，积极融入年轻人的氛围和生活，同目标客户群打成一片，了解年轻人的想法、依附年轻人的市场，逐步在品牌中融入年轻人有共鸣的元素。从一开始就作为一个参与者，迅速 r 融入青年文化社区氛围。

二、受众再定位——社区互动

随着消费者需求、要求越来越高，影响消费者的选择是体验而非眼球，体验经济已经成为营销的关键，消费者对传统媒体单向、单纯的广告传播已渐渐产生审美疲劳，他们更愿意通过互动型的亲身体验，来感知产品的适用性和购买价值。

换言之，具备互动体验等功能的传播方式更容易让消费者亲近品牌、了解品牌、熟悉产品，从而更容易产生购买欲望。中国人保财险选择社区互动这种营销手段，选择直接沟通的方式进行受众的再定位。

三、媒体传播再规划——数字化营销

互联网的精神是创新与变革，数字营销的精神就是高效与实效。中国人保财险广东省分公司制定了大投入、大曝光、大影响的“做透”策略，即围绕核心微博平台打造传播矩阵，这种数字化营销迅速提升品牌在年轻人群中的认知度和好感度，配合全面整合营销渠道，协同打透，实现核心资源的最大化深度运用，提升人保品牌在年轻消费者中的认知度、好感度，增强他们的购买意向。

本案例执笔人：卢杨